ビジネススキルとしての
プログラミングが8日で身につく本

金宏和實

日経BP

はじめに

DX（Digital Transformation）を旗印に、「デジタル技術によってビジネスの業績を改善しよう」、もっと大きく言えば、「人々の生活をより良いものしていこう」という流れのなかで現在のビジネスパーソンは仕事をしています。

具体的には、RPA（Robotic Process Automation）などのツールによる自動化が企業レベルでは推進されていますが、Pythonでプログラムが作れるようになれば、自分の仕事に必要なツールは自分でプログラミングして作成できるようになります。

ビジネスデータを扱っていると、毎月必要になる定型業務のほかに、今回だけとか年数回だけ必要になる非定型業務があります。ビジネスパーソンが自力でPythonを使ってプログラムを作るとしたら、まずこの非定型業務がターゲットになるでしょう。定型業務の多くは、すでに専用システムが用意されており、RPA導入も進んでいるからことが多いでしょうから。

「非定型業務」と聞いてもピンと来ないかもしれません。では、こう質問してみます。Excelを始め、皆さんの手元で処理する業務で手間の掛かっている部分はありませんか？ まずそこが自動化のターゲットです。

通常、システム開発会社に開発を委託する定型業務の周囲にも、個人レベルでPythonプログラムを活用することにより自動化できる部分は多くあります。異なる時期に構築したネットワークシステムとWebアプリをつなぐ部分とか、仕事でパソコンを使うのが当たり前になっているのにもかかわらず、手作業が残っている感が強い部分はたくさんあるでしょう。

多くのビジネスパーソンにとってプログラミングを学ぶ目的は自分でプログラムして作成したシステムを販売しようというわけではないでしょう。であれば、バリバリにプログラミングができる人を目指す必要はありません。自分の周囲にある問題をプログラミングで解決できるよう、それに見合うだけプログラミングができる人を目指せばいいのです。筆者から見ると、ビジネスの現場にはちょっとだけでもプログラミングができれば解決できる問題がたくさんあるように思えます。

言い換えれば大げさに「DXを推進する」といったように大上段に構えなくても、ビジネスパーソンがプログラミングに一歩でも二歩でも踏み出すことは、確実にDXの第一歩になるのではないでしょうか。

【本書の構成】

本書では、架空の中堅企業シーマアパレルの合理化推進室に配属になった新入社員に対して、Pythonプログラムにかなり詳しい人、まだそこまで経験はないけどメンターとして新人のサポートをする人が登場します。この二人が新人にプログラミングの研修をするというショートストーリーを解説の前後に入れています。

初めてPythonプログラムを学ぶ人が抱く疑問や、少しは経験がある人のアドバイス、プログラミングに詳しい人の解説を交えて解説は進行します。

読者の方に「あるある感」を持ってもらうことによりプログラミングに親しみをもっていただきたいのと、どんな風に考えながら学ぶとつまづくことなくプログラミングを身につけていけるのかを読者の皆さんにお伝えしたいと考えて、楽しい（かどうか自信ありませんが）ストーリーで先導していくスタイルにしました。プログラミングの学習を退屈に、あるいは難しいと感じることなく、Pythonに入門してほしいと願っております。

お話の登場人物を紹介しておきましょう。

千田 岳（センダガク）

入社9年目。ニックネームはセンガク。「浅学ですいません」が口癖。気が弱そうに見えるが、仕事に対しては信念があり、勉強熱心。夜な夜なPythonの勉強会に参加し、社内各部署のExcelによる手作業をPythonで自動化し仕事の効率を上げたことが評価され、新設された合理化推進室の室長に抜擢された。

千田 麻美（センダアサミ）

千田岳と同期入社で新人研修時にアイウエア順で同じグループだったよしみで、合理化推進室に唯一のセンガクの部下として配属されたが、生来の姉御肌でどっちが上司かわからない。プログラミングは主にセンガクに教えてもらった。

川岸 さくら（カワギシサクラ）

シーマアパレルの新入社員。文系の学部を卒業したが、パソコンやプログラミングに興味があり、Excelは大学の講習会でみっちり勉強した（本人談）。就職活動中の面接ではプログラミングもできると胸を張っていたらしい。合理化推進室に配属される。

富井 牧郎（トミイマキオ）

営業2課の課長。入社19年目。元体育会系でExcelの関数やマクロ（VBA）を入社後に苦労して勉強した。「Excel VBAがあればなんでもできる」と信じている。

刈田 秋雄（カリタアキオ）

従来の縦割りの組織の弊害を解消するために小さな組織を作って、どの課のメンバーとも情報を共有し、問題点を解消しようという社長の発案でできた品質管理室室長の室長になったセンガクと同期の若手社員。いつも顧客からクレームであたふたしている。

椎間 賢一（シイマケンイチ）

社長。先代から受け継いだ衣料卸の椎間衣料を中堅企業であるシーマアパレルまで押し上げたやり手。

Contents

研修3日目｜オブジェクト指向プログラミングは難しくない

サンプルファイルのダウンロード

本書で紹介しているプログラムのうち、プログラムコードとして掲載しているもの、およびプログラムで読み込むファイルは、本書のWebページからダウンロードしていただけます。

https://nkbp.jp/BusinessPython2022

を開き、「データダウンロード」欄にある「サンプルファイルをダウンロード」のリンクをクリックしてください。開いたページにダウンロードに関する説明があります。それに従ってダウンロードしてください。

※ ファイルのダウンロードには日経IDおよび日経BPブックス＆テキストOnlineダウンロードサービスへの登録が必要になります（いずれも登録は無料）。

ダウンロードしたファイルはZIP形式になっています。収録しているファイルについては、ZIPファイルを展開して取り出せる「はじめにお読みください.txt」をご覧ください。

※ 本ページのURLにアクセスしても本書のページが開かない場合は、開いた先のページで書名もしくはISBNで検索してください。ISBNは本書の奥付（最後のページ）でご確認ください。

- 本書で紹介しているプログラムおよび操作は、2022年2月末現在の環境に基づいています。なお、プログラムの動作についてはPython 3.10.0で検証しました。
- 本書発行後にOS、Excelを含むMicrosoft OfficeやPython、関連するライブラリなどがアップデートされることにより、誌面通りに動作しなかったり、表示が異なったりすることがあります。あらかじめご了承ください。
- 本書に基づき操作した結果、直接的、間接的被害が生じた場合でも、日経BP並びに著者はいかなる責任も負いません。ご自身の責任と判断でご利用ください。
- 本ページのURLにアクセスしても本書のページが開かない場合は、開いた先のページで書名もしくはISBNで検索してください。ISBNは本書の奥付（最後のページ）でご確認ください。

研修 **1** 日目

プログラミング環境を整える

センガクこと千田学が室長を務める合理化推進室に新入社員が配属されることになりました。麻美ちゃんこと同期の千田麻美と二人で社内の事務処理の合理化のためにPythonでプログラムを作ってきたことの成果が少しずつ出てきたことへの社長のごほうびのようです。これまで二人は各課の要望に応じたプログラムを作るのにテンテコ舞いでしたから。

センガクも麻美ちゃんも文系の学部出身で、学生時代にプログラミングを学んできたわけではありません。センガクは社会人になってからネットで目にしたPythonの勉強会に参加し、仕事終わりにコツコツとPythonの勉強を続けてきました。「浅学ですいません」が口癖ですが、Pythonについてはもう勉強会の講師として登壇することもあるようです。営業アシスタントをしていた麻美ちゃんは、センガクにExcelデータの処理について相談しているうちに、Pythonプログラミングの便利さに気が付きました。センガクは室長なのに姉御肌の麻美ちゃんに頭が上がりません。

そんな二人が働くシーマアパレルは、もともと衣料卸の会社ですが、二代目社長の椎間賢一がやり手で、今の代になって以降は積極的に自社ブランドの直営店を展開するなど、進取の機運にあふれる中堅企業として成長しつつあります。「合理化推進室」といっても、もともとは営業部にいたセンガクが自分一人で社内のExcelデータを扱うプログラムを作成するようになったことが始まりです。それまで様々な業務の中にはびこっていたExcelによる手作業をプログラムに置き換えて自動化するという工夫を、自分の仕事のかたわらでコツコツと進めてきました。これにより営業部のみならず、社内の幅広いセクションで大幅に手間と時間を削減したことが評価され、センガクは社長の号令の下、合理化推進室という新しい部署の室長を任されたのです。とはいっても、センガク自身はまだ若輩の身。この部署に配属された部下は、センガクと同期の千田麻美だけでした。二人は名字が同じなので、アイウエオ順で一緒になった新人研修のグループ時代からの何かと一緒の腐れ縁です。

そんな合理化推進室も、もうすぐ発足から2年目を迎え、全くプログラミング経験のなかった麻美も近頃ではかなり難しいプログラムを独力で作成できるようになってきました。

さて、そんな二人が身を置く合理化推進室では、明日から配属になる新人のための研修の準備がちょうど終わったところのようです。

麻美　「ねえねえ、センガク室長、明日から来る新人さん、どんな人かな。楽しみね。」

センガク　「Pythonのプログラミング経験があるらしいよ」

麻美　「えっ！　マジで？　あたしより詳しい人だったらどうしよう……」

センガク　「ふふふっ。でも、予定通りに毎日少しずつ新人研修をしていくから、協力してね」

日付は変わって、翌日の朝――。

新人　「おはようございます。川岸さくらです。今日からよろしくお願いします」

麻美　「さくらちゃんね。千田麻美です。よろしくお願いします」

センガク　「室長の千田学です。期待しているよ。Pythonでプログラムできるんだって？」

さくら　「いえ、いえ、大学のプログラミング入門の授業で習っただけです。なんか先生がモゴモゴ言っていて、ぜんぜんわかんなかったんです」

センガク　「えっ、そうなの？　でも、Python経験ありって履歴書に書いてあったけど？」

さくら　「……」

麻美　「そりゃ授業でやったなら、『経験あり』って書くわよ。センガク」

さくら　「a = 100、a += 100って入力して、aが変数で、+=がなんだったけ？　加算するんだとか言われて、その通りやってみたのはなぜかよく覚えています。でも、変数ってなに？　aってどこから出てきたの？　なんで計算できたの？って感じでした。ごめんなさい。わたし、プログラムできません。」

麻美　「複合代入演算子ってやつね。ちゃんと覚えているじゃん。大丈夫、わたしなんかプログラミングのプの字も知らなかったのに合理化推進室に入れられちゃったんだから。少しずつ勉強すればいいわよ」

さくら　「はい。でも、Excelなら大学の講習会でちゃんと勉強しましたから、わかります」

センガク　「じゃあ、初日の今日はパソコンにプログラム開発環境をインストールするところから始めようか。僕はこれから会議だから、麻美クンに教えてもらってね」

さくら　「麻美先輩、よろしくお願いします！」

麻美　「今日は、このさくらちゃん用のパソコンにPython（パイソン）とVisual Studio Codeをインストールするわよ。がんばってね」

さくら　「えっ、インストール……ですか？　自分でやらなくちゃいけないんですか!?」

麻美　「そうよ。自分のパソコンにプログラミング言語PythonとVisual Studio Codeをインストールすれば、Pythonでプログラムが快適に作れるようになるのよ」

さくら　「はぁ？　そうですか。でもわたし、インストールってしたことなくって」

麻美　「えっ、そうなの。さっきExcelなら大丈夫だって言ってたよね。パソコンは普通に使っていたんだよね？」

さくら　「はい、もちろん。大学生協で買ったパソコンは最初からExcelやWordが使えたので、なにも困りませんでした」

麻美　「あっ、そうか。必要なソフトはインストールしてあったのね」

富井　「そうそう、Excelの開発機能を使って、VBAでプログラム書けばいいのさ。他になにもインストールしなくていんだぞ！」

麻美　「あれっ、営業2課の富井課長、いつの間にいたんですか。今、新人研修中なので邪魔しないでください。」

富井　「おっかねえな。俺はセンガクに営業課のプログラムの修正を頼みに来ただけだよ。いちいち面倒なんだよなあ。俺の場合VBAなら自分でちょいちょいと直せるのによ。Python、Pythonって言うけど、そんなにメリットあんのか？」

麻美　「Excelデータの処理が速いんですよ。それに、データとプログラムが分かれてスッキリするし」

富井　「本当にそう思っているか？　それ、センガクの受け売りじゃないのか」

麻美　「そ、それにVBAよりPythonの方が、学習コストが低いんです！」

富井　「今度は学習に掛かる時間か。俺は毎晩仕事が終わってから、独学でVBAをマスターしたんだ。あの頃は大変だったけど、楽しかったなあ。だから、学習コストなんて言われてもピンとこないぞ。Pythonは早く習得できるっていうけど、そんなもん人によるんじゃないのか？」

VBA（Visual Basic for Application）使いの富井課長はもともとPythonに批判的でしたが、今日はいつにも増して“アンチ”の熱量が大きいようです。

さくら　「麻美先輩、インストールの方法教えてください。わたし、早くPythonの勉強がしたいです！」

麻美　「そうよねー、さっそく始めましょう。富井課長、センガク室長は会議中です。またどうぞ」

さあ、みなさんもシーマアパレル合理化推進室の新人、川岸さくらさんとPythonプログラミングをスタートしましょう。

● ● ● ● ● ● ● ●

本章では、プログラミングを学ぶための準備をしっかり整えましょう。皆さんの多くはビジネスパーソンで、恐らくはWindowsパソコンが手元にあるという人がほとんどでしょう。そこで、まずはプログラミング言語である「Python」とエディターソフト「Visual Studio Code」をWindowsパソコンにインストールし、快適にプログラミングできる環境を作成していきます。

プログラミング言語って何？

でも、そもそもプログラミング言語とは何でしょうか？

言葉通りの意味は「コンピューターのプログラムを書く[*1]ときの形式、意味の取り決め」のことです。

しかしながら、このプログラミング言語という取り決め、形式は、人間が効率良くプログラムを書くためのものです。実はコンピューターはプログラミング言語で書かれたプログラムを理解できません。これはPythonだろうがVBAだろうが、あるいは他のプログラミング言語でも同様です。コンピューターが唯一理解できる言語はマシン語と呼ばれる2進数の数字（0と1）の羅列です。わかりやすく表記するために16進数に変換して表示することが多いのですが、それにしたって数字と英文字がずらっと並んでいるだけ。直接、人間が編集することは困難です。ですから、いろいろなプログラミング言語の形式、取り決め

＊1　プログラムは紙に書くわけではないのに、プログラマーはプログラムを入力するとは言わず、「プログラムを書く」と表現することが多いようです。もっとも筆者がプログラミングを始めた頃は本当に紙（コーディングシート）に書いていましたが。

に応じてプログラマーが書いたプログラムを、何らかの方法でマシン語に変換して実行することになります。

多くの場合、プログラミング言語として提供されているのは、その言語の形式、取り決めだけでなく、そうした決まりにしたがって書かれたプログラム（ソースプログラム）をマシン語に変換したり、文法をチェックしたりするソフトウェアを含めたものです。このため、プログラミング言語にはインストールが必要な場合が多く、Pythonもそうしたプログラミング言語の一つです。

ソースプログラムをマシン語へ変換する方式には2種類あります。「インタプリター」と「コンパイラ」です。インタプリターは日本語に直すと「通訳者」、コンパイラは「編集者」でしょうか。どちらも、Pythonなどの人間にわかりやすいプログラミング言語で書いたプログラムをマシン語に翻訳し、コンピューターとの橋渡しをするソフトウェアです。

その違いを動作の面からざっくり説明すると、インタプリターはプログラムを実行するときにソースを1行ずつ読み込み、そのつどマシン語に変換してコンピューターに引き渡すというイメージです。一方、コンパイラはあらかじめまとめてマシン語に変換する方式です。プログラムを実行するときは、変換済のプログラムファイルを使います。ソースプログラムは実行時には必要ありません。

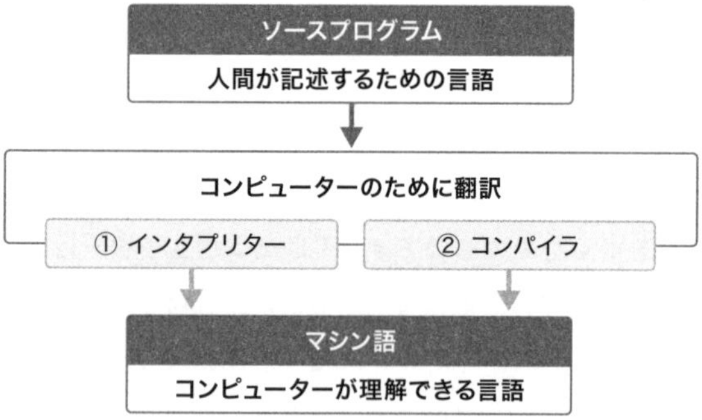

図1-1　ソースプログラムをマシン語に変換する

簡単ですが、プログラミング言語とは何か、その概要を説明しました。もっと深掘りしようと思えばできるのですが、いったんこのあたりで切り上げます。あとは必要に応じて説明していきますので、心配せずに先に進んでください。

センガクのちょっと込み入った話

Pythonはバイトコードを生成する

Pythonのように複数のOS（Operating System＝オペレーティングシステム）に対応したインタプリター形式のプログラミング言語は、多くの場合、図1-1のインタプリター形式よりももう少し複雑な仕組みのもとで動作します。具体的にはソースプログラムからいきなりマシン語に変換するのではなく、その間に途中段階のコードを作成します。これを「中間コード」といいます。

Pythonではプログラマーが入力したソースコード（拡張子.pyのファイル）をコンパイルしてバイトコードを生成します。このバイトコードをLinuxやmacOS、Windowsなどの各OSに対応したPython Virtual Machine（Python仮想マシン）が読込み、マシン語に変換します。この仮想マシンがインタプリターとして動作します。

あれ、さっきのインタープリターとコンパイラの説明と違うじゃんと思われたかもしれませんね。中間コード（バイトコード）の存在が話をややこしくしているので、バイトコードがなぜ作成されるようになったかについて説明が必要ですね。

ソースコード→マシンコード（マシン語）の世界では、Windowsパソコンでは Windows用のマシン語しか作成できません。同様にmacOSで動作するプログラムを作りたければ、macOSでマシン語を作るしかありませんでした。

ところが途中にバイトコードを作成するという発想が大転換になりました。Windowsでプログラムをコンパイルしても Macでコンパイルしても同じバイトコードを生成し、そのバイトコードを各OS対応のインタプリターが、自分のOS向けのマシン語に変換して、プログラムを逐次実行するわけです。二段構えになっているのですね。これにより、以前よりもはるかに効率的に様々なOSで動作するプログラムを開発できるようになったのです。

ではさっそくプログラミングの準備を始めましょう。まずは一歩目としてPythonをインストールします。

Pythonをインストールする

最初に、Pythonをダウンロードします。それには、https://www.python.org/にアクセスし、ページ上部のメニューにある「Downloads」の上にマウスポインターを載せます。クリックする必要はありません。

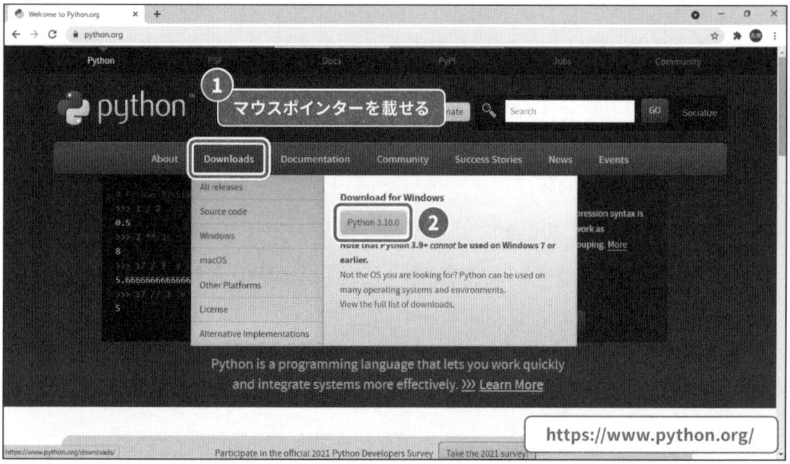

図1-2　Python.orgのトップページで「Downloads」にマウスポインターを合わせると、ダウンロード用のボタンが表示される。

すると、自分が使っているパソコンのOSに対応した最新版のダウンロードボタンが表示されます。このボタンをクリックすることで、自動的にWindowsパソコンでアクセスしている場合にはWindows用のPythonが、Macintoshパソコン（Mac）ならばMac用のPythonをダウンロードできます*2。

ここからは、Windowsパソコンに Pythonをダウンロード、インストールする手順を説明します。

＊2　ここでいうPythonは、Pythonのインストール用プログラム（インストーラー）のことです。

前の画面（図1-2）で「Python3.10.0」と表示しているボタンをクリックすれば、インストールファイルをダウンロードすることができます。想像が付くとは思いますが、ダウンロードする時期により、「3.10.0」というバージョン番号は変化します。でも、バージョン番号がいくつであっても、このバージョンがstable（安定）版の最新版です。最も安心して使えるバージョンです。特別な事情がない限り、このボタンをクリックしてダウンロードしましょう*3。

ダウンロードしたファイルは「Python-3.10.0-amd64（.exe）」といった名前のファイルです。途中の数字はバージョン番号で、「amd64」はWindows向けのファイルであるといったように、どの環境向けのファイルかを示す文字列です。このファイルをダブルクリックするとインストールが始まり、次のような画面が表示されます。

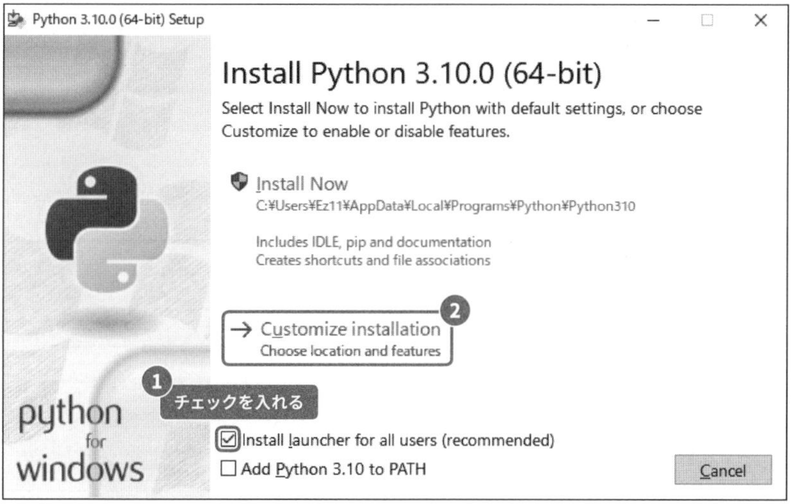

図1-3　**インストールの最初の画面**

この画面では「Add Python 3.x to PATH」にチェックを入れます。そうするとインストール先のディレクトリがOSのPath環境変数に追加されるので、どのディレクトリ（フォルダー）を開いているときでも、Pythonを利用できるよう

*3　「特別な事情」とは、「古いバージョンのPythonでしか動作しないプログラムを利用している」といったケースに、あえて以前のバージョンをインストールするような場合です。

になります。ただ単にスタートメニューからPythonや関連ツールを起動するだけなら必ずしも必要ありませんが、プログラムを開発するときには「ターミナル」や、コマンドプロンプトもしくはWindows PowerShellといった「シェル」からプログラムを開くことがしばしばあります。そのときに、どのディレクトリを開いていても「python」と入力するだけでPythonを起動できるようになります。こうした手順でPythonを利用する方法は、実際にその場面で説明するので、今は利便性を高めるためにPath環境変数を変更する必要があると覚えておいてください。

チェックを入れたら、Customize Installationを選びます。

次に「Optional Features」が開きます。この画面では、すべてのチェックボックスにチェックが入っていることを確認して、Nextをクリックします。

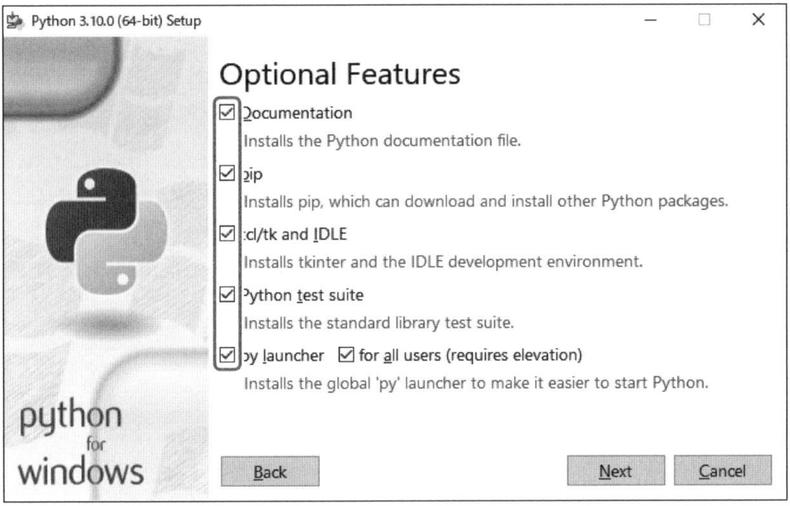

図1-5　すべての項目にチェックが入っていることを確認する

センガクのちょっと込み入った話

Path環境変数ってなに？

「Path環境変数」という言葉が突然出てきて戸惑っている人がいるかもしれません。OSの仕組みにかかわる話なので、本書ではあまり深くは踏み込みません。「環境変数」「ディレクトリ」「カレント」「絶対パス」「相対パス」といった用語がよくわからない」という人は、Windowsの解説書などをご覧ください。

Windowsとアプリケーションの動作にかかわる情報を保存・参照する仕組みの一つが環境変数です。Path環境変数はその中でも最もよく使われる環境変数で、実行可能形式のファイルを起動するときに、フルパスで指定しなくても、ファイル名だけで実行できるようにするために使用します。そのファイルの存在するディレクトリをPath環境変数に記述しておけば、カレントディレクトリ（現在選択されているディレクトリ）に関係なくファイル名だけでそのプログラムを起動できます。

Pythonのインストールが終わったら、このPath環境変数を確認してみましょう。スタートメニューからWindows PowerShellを起動し、「$ENV:Path」と入力します。これに対して、Path環境変数の値が表示されます。Pythonをインストールしたディレクトリがいくつか記録されていることがわかるはずです。

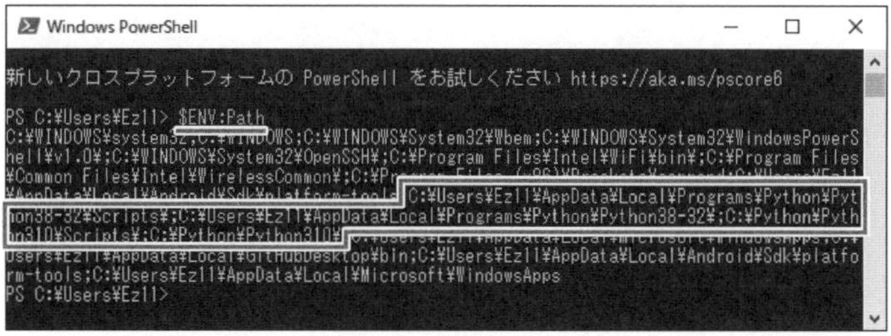

図1-4　PowerShellで「$ENV:Path」と入力し、Path環境変数を確認したところ

続くAdvanced Optionsの画面では、「Associate files…」、「Create shortcuts…」、「Add Python to environment variables」の3項目にチェックが付いていることを確認し、次にCustomize install location欄でインストール先のディレクトリを指定します。

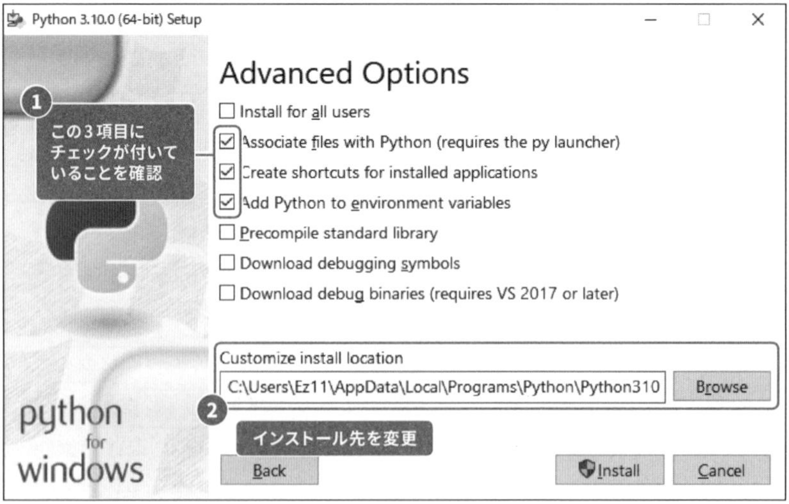

図1-6　**Advanced Optionsでは、Pythonをインストールするディレクトリを変更（画面は変更前）**

初期設定のままではディレクトリの階層が深いので、もっと単純なディレクトリに変更します。ここでは「C:\Python\Python310」と変更して、階層を浅くしています。

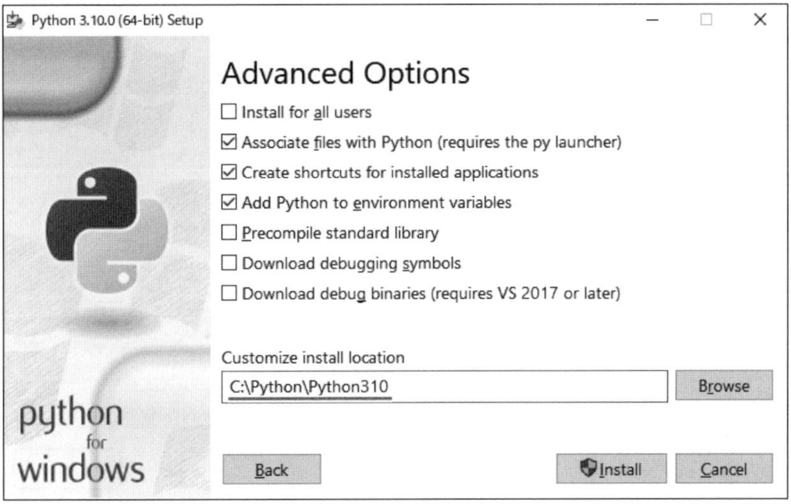

図1-7　インストール先のディレクトリを変更したところ

画面上のバックスラッシュ「＼」を見慣れていない人もいるかもしれませんが、これはディレクトリやフォルダーを示すときの「¥」のことです。表示するフォントの関係でこのように表示されることがあります。

この設定変更のポイントは、ディレクトリを示す文字列（パス）が短くなるようにすることです。環境によっては、この文字列が長すぎるとPythonのプログラムを実行できないことがあるためです。

インストール先を変更したら、Installボタンをクリックしてインストールを進めましょう。必要なファイルのコピーなどの処理が始まります[*4]。Setup was successfulと表示されたら、インストールは完了です。

＊4　インストールの途中で「このアプリがデバイスに変更を加えることを許可しますか？」という確認ダイアログが表示されたら、「はい」をクリックしてインストールを進めてください。

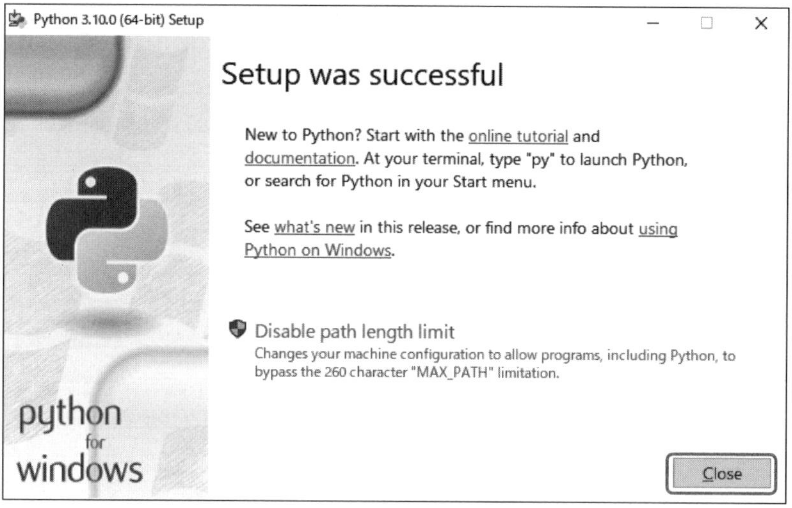

図1-8　**インストールが完了した**

この画面の下のほうに、「Disable path length limit」というメッセージが表示されています。ここをクリックすると、Windowsに設定されているパスの長さの制限（MAX_PATH）を解除できます。今回はインストール先を単純なパス名に変更したので、OSの設定を変更する必要はありません。Closeボタンをクリックしてインストールを終わりましょう。

Visual Studio Codeをインストールする

Pythonがインストールできたら、次にVisual Studio Codeをインストールします。Visual Studio Codeはエディターです。プログラムを入力するためのツールです。でも、Visual Studio Codeはプログラムを入力・編集するためだけのためのソフトウェアではなく[*5]、拡張機能を追加することで、デバッグやプログラムの実行まで可能になる統合開発環境[*6]との中間にあるいいとこ取りのソフトウェアです[*7]。

Visual Studio Code（これ以降はVS Codeと表記します）をパソコンにインストールするには、まず公式サイト（https://code.visualstudio.com/）からインストール用プログラムをダウンロードします。

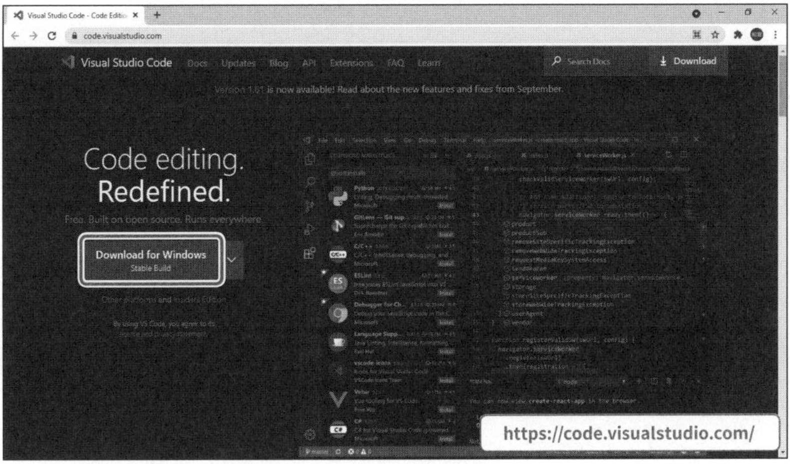

図1-9　Visual Studio Codeの公式サイトからダウンロード

＊5　ソフトウェアとは特定の目的のために一つ以上のプログラムや設定データで構成されるもののことです。

＊6　統合開発環境とはプログラムの編集、実行、デバッグなどの機能を備えたオールインワンの開発環境です。

＊7　デバッグとはプログラムの誤りを探して取り除くことです。

Windows パソコンでこのサイトを開くと、「Download for Windows」ボタンが表示されます。これをクリックして実行形式のファイルをダウンロードします。Python同様にサイト側で自動的にパソコン側のOSを判別してくれるので、macOSを使っている場合は「Download for Mac」ボタンが表示されます。ここでダウンロードできるのはPython同様、Stable（安定）版の最新版です。特に必要がなければ、この手順でダウンロードするのがお勧めです。

ダウンロードしたファイルをダブルクリックすると、インストールが始まります。

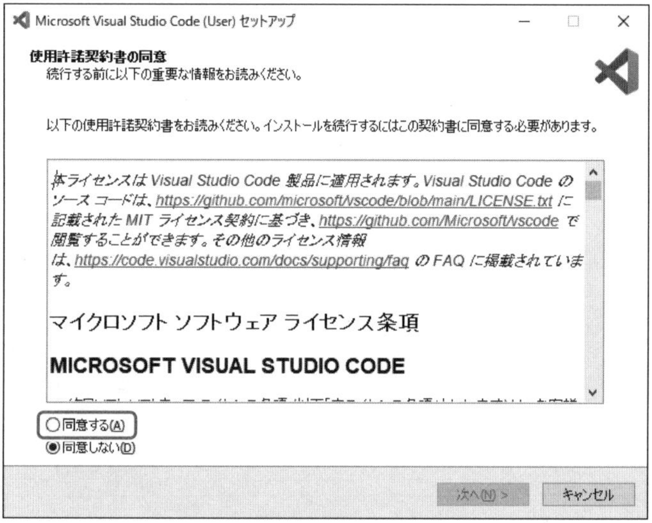

図1-10　Visual Code Studioのインストール画面

最初に使用許諾契約書への同意が求められますので、「同意する」を選んでください。VS Codeのインストールでは、ほとんど設定を変更するところはありません。インストール先のディレクトリも変更せずに、初期設定のままインストールを進めましょう。ただし、「追加タスクの選択」画面でのみ、設定を確認する必要があります。

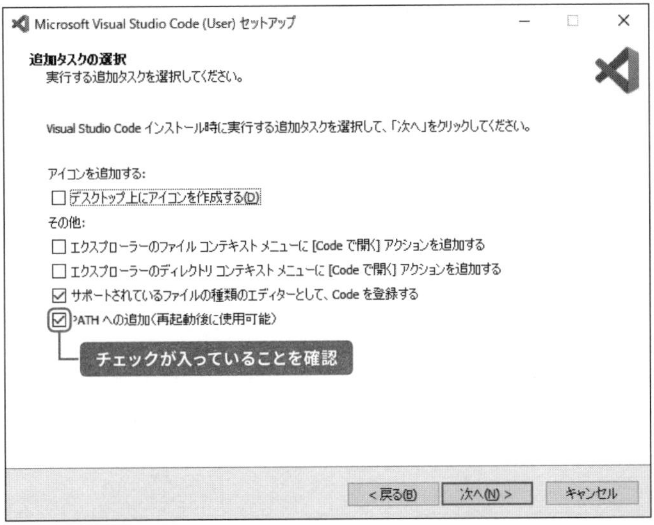

図1-11　「追加タスクの選択」画面では「PATHへの追加」のチェックを確認

この画面では「PATHへの追加」にチェックが付いていることを確認します。これもPython同様に、この設定によりPath環境変数にVS Codeをインストールしたディレクトリを追加することで、ターミナルやシェルから手間なくVS Codeを起動できるようになります*8。通常、初期状態でチェックがオンになっているはずです。そのまま「次へ」ボタンをクリックして次の画面に進め、インストールボタンをクリックして、インストールを完了させましょう。

*8　PythonでPath環境変数の設定を行ったのと目的は同じです。

図1-12　セットアップの完了画面

セットアップウィザードの完了画面が表示されたら、「Visual Studio Codeを実行する」にチェックが付いている状態で「完了」ボタンをクリックします。これでVS Codeが起動します。

VS Codeを日本語表示に変更する

このようにVS Codeをインストールしただけでは、まだプログラミングの準備は終わっていません。Pythonでプログラミングするためには、いくつかの拡張機能（エクステンション）をインストールしておきたいところです。まずは、VS Codeを日本語化する拡張機能（Japanese Language Pack for Visual Studio Code）を入れていきましょう。なぜならVS Codeはインストール直後だと英語表記になっており、標準では設定を変更することで日本語に切り替えるといった機能は用意されていないためです。

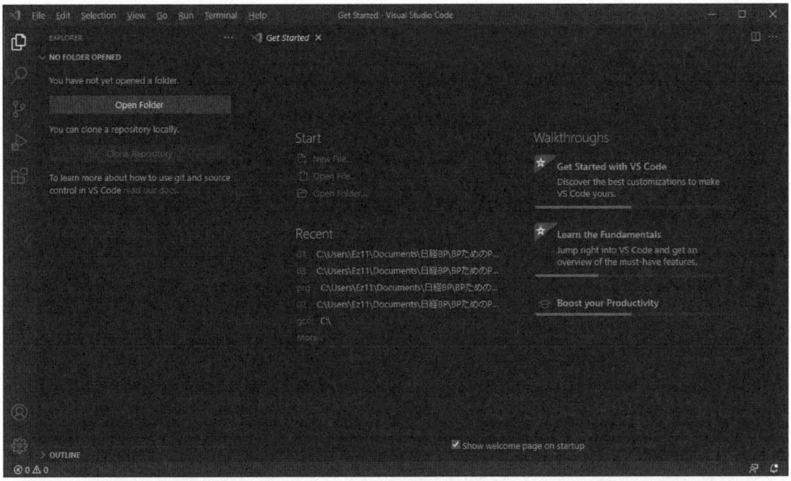

図1-13　**VS Codeが起動したところ。英語で表記されており、この段階では日本語表記に変えられない。**

ここで画面左端に並んでいるメニューの、上から5番目にあるExtensionsアイコンをクリックします。すると拡張機能を検索するためのボックス「Search Extensions in Marketplace」が表示されるので、「Japanese」で検索します。

図1-14　**拡張機能をJapaneseで検索し、一番上に表示されたJapanese Language…を選択してインストール**

左側のペインにJapaneseで始まる拡張機能が一覧表示されるので、一番上のものをクリックします。それが、MicrosoftのJapanese Language Pack for Visual Studio Codeであることを確認して、installをクリックします。

ただし、拡張機能をインストールするだけでは日本語化されません。VS Codeを再起動する必要があるので、画面右下に表示されたRestartボタンをクリックします。

図1-15　画面右下に現れたRestartボタンを押す

VS Codeが再起動するので、表示が日本語になったことを確認しましょう。これで日本語表示への切り替えは完了です。

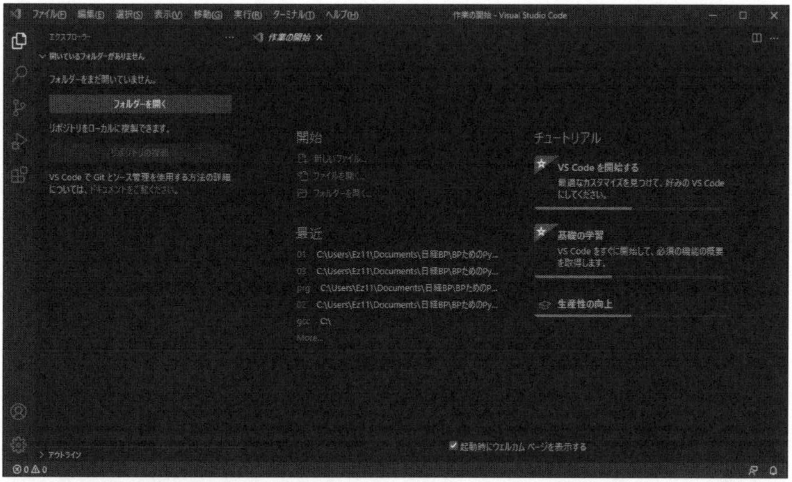

図1-16　再起動すると表示が日本語になる

ただし、この表示言語の設定は、何かの拍子にまた英語に戻ってしまうときがあります。そんなときは、Ctrl+Shift+Pを押してコマンドパレットを開き、Configure Display Languageコマンドを選択します。

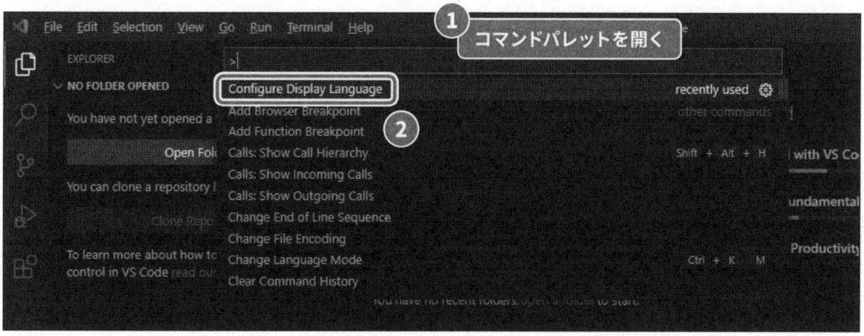

図1-17　Configure Display Languageを選ぶ

表示されたコマンドの中にこのコマンドを見つけられない場合は、コマンドパレット上部のプロンプト（>）に続けて

```
Configure
```

と入力し、利用できるコマンドのリストをフィルター処理することで、Configure Display Languageコマンドを探しましょう。

Configure Display Languageコマンドを選ぶと、選択できる言語が一覧表示されます。ここでjaを選び、それからVS Codeを再起動します。この手順でVS Codeを日本語表示に戻せます。

図1-18　表示された言語の一覧からjaを選んでから、VS Codeを再起動する

Python用の拡張機能をインストール

続いて、Python拡張機能（Python Extension for Visual Studio Code）をインストールします。Python Extension for Visual Studio Code をインストールすると、VS Codeでプログラムを作成しながら、デバッグ・サポート機能やPythonコードの実行機能が利用できるようになり、プログラミングが格段に楽になります。逆に言うと、この拡張機能をインストールするまでのVS Codeはテキストの入力・編集機能しかない単なるエディターです。

拡張機能の中から検索しましょう。日本語表示への切り替えを行った直後であれば、拡張機能の画面が表示されているはずです。そこで、日本語表示の拡張機能を探したときと同じ手順で、検索キーワードとして「Python」を入力します。

図1-19　「Python」で検索して一番上に表示されたPythonをクリック

開発元として「Microsoft」が表示されているPython Extension for Visual Studio Codeを選択します。これを選ぶと、「インストール」ボタンが表示されるので、これをクリックします。インストールの作業はこれだけです。再起動も必要ありません。

Python拡張機能をインストールしたら、言語サーバーPylanceも同時にインストールされます。

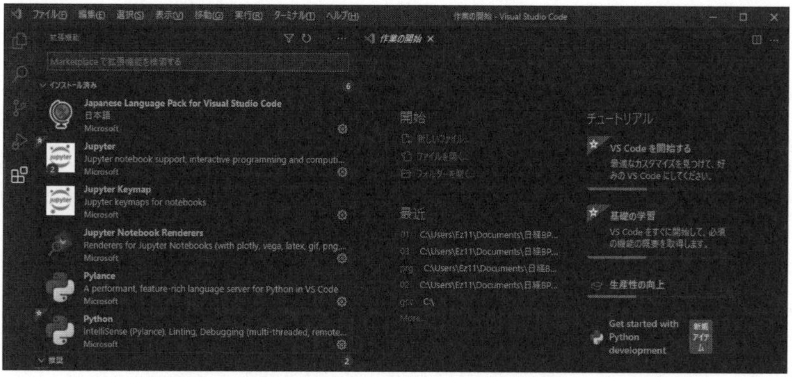

図1-20　Python Extension for Visual Studio Codeをインストールすると、同時にPylanceもインストールされる

言語サーバーとは、VS Codeとは別に（別プロセスで）起動し、エラーチェックなどのために静的な文法チェックや型推論を行い、言語サーバープロトコル（LSP）を通じてVS Codeに伝える機能のことです[*9]。

これでPylanceがプログラムコードの入力を補完してくれるようになります。またPythonプログラムではほぼ必須のimport文を書き忘れたり、消し忘れたimport文があったりしたら、自動インポート機能が補助してくれます[*10]。

VS Codeの動作を確認

ここまでの作業により、VS CodeでPythonプログラムを作成する準備が整いました。次に作成したプログラムを保存するフォルダーを作成します。本来のプログラム開発ではフォルダーは任意に作成すればいいのですが、本書ではほぼ全編にわたって一定のルールでプログラムファイルを保存しています。中には、その位置関係が狂うとプログラムがうまく動作しないファイルがあります。そこで、本書でプログラミングを学習するために、以下の方針に沿ったフォルダー構成にしてください。

プログラム開発用にフォルダーを作成

本書用に提供しているサンプルプログラム[*11]に沿って説明しましょう。サンプルプログラムはprgフォルダー配下に各章に対応した01から08のサブフォルダーに収録しています。ですから、ダウンロードしたサンプルファイルを利用

＊9　2021年11月現在、Python拡張機能は言語サーバーとして標準でPylanceを利用するようになっています

＊10　import文とは、後述するライブラリを利用するために記述する必要のあるコードです。詳細は79ページからの説明をご覧ください。

＊11　サンプルファイルの詳細については、10ページをご覧ください。

する場合は、zipファイルを展開して取り出したprgフォルダーを、「ドキュメント」やCドライブ（c:）のすぐ下などに移動もしくはコピーしてください。prgフォルダーの置き場所は、上記に限りません。どこでも好きな場所に配置してください。

サンプルプログラムを使わず、本書を読みながら自分でプログラムファイルを作る場合は、任意の場所にprgフォルダーを作成し、その配下に各章ごとに分類できるよう01、02から09までのサブフォルダーを作ります。

プログラムファイルを開くには、作成したフォルダーをVS Codeで開きます。このときエクスプローラーでフォルダーを開いてファイルを読み込むのではなく、必ずVS Codeの「フォルダーを開く」機能を使って、目的のフォルダーを開くようにしてください。VS Codeの仕様上、この手順を踏まないとプログラムの動作を試そうとしたときにエラーになる可能性があります。

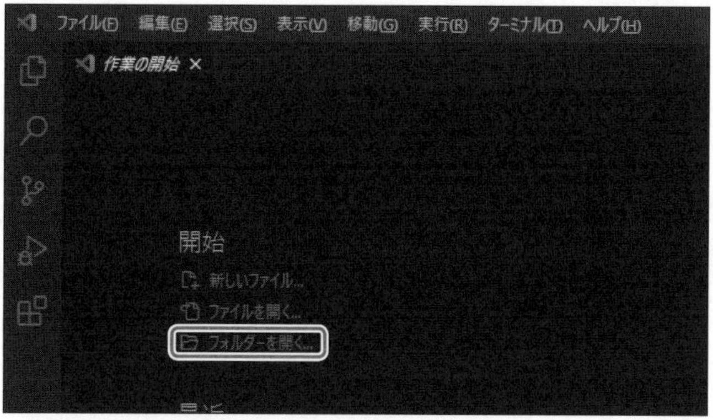

図1-21　**VS Codeの画面で「フォルダーを開く」を選ぶ**

すると一般的なアプリケーションソフトと同様にファイルやフォルダーを指定するダイアログボックスが開くので、先ほど作成したprgフォルダー配下の01フォルダーを指定しましょう。

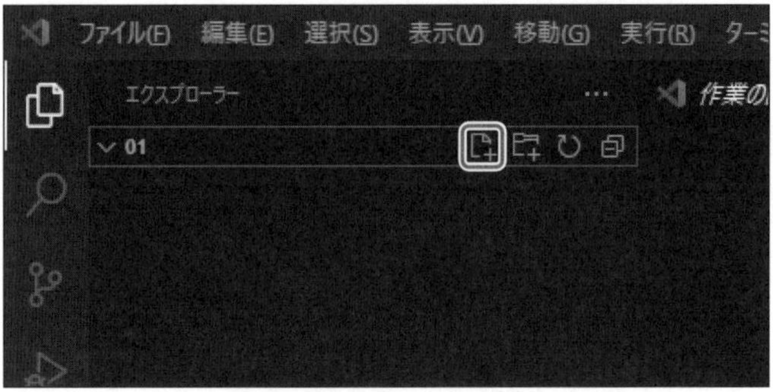

図1-22　VS Codeでprg内の01フォルダーを開いたところ

この図は、この手順で01フォルダーを開いたところです。VS Codeのエクスプローラー[*12]に、開いているフォルダーとして01が表示されていることを確認してください。このフォルダー名の右側に、4つのボタンが並んでいますね。このフォルダーにPythonのプログラムファイルを新規に作成するには、4つのうち左端にある「新しいファイル」ボタンをクリックします。ファイルの絵柄に+が載っているボタンです。

動作確認用のプログラムを作って実行

「新しいファイル」のボタンをクリックすると、ファイル名を入力するテキストボックスが表示されるので、「sample_01.py」と入力します。

*12　VS Codeのウィンドウ左側の領域を「エクスプローラー」といいます。ここで開いたフォルダーおよびその中にあるファイルやフォルダーが一覧表示されます。このほかVS Codeには「エディター」「ターミナル」という領域が設けられています。これらの使い方については、それぞれの領域を実際に利用する場面で、あらためて説明します。

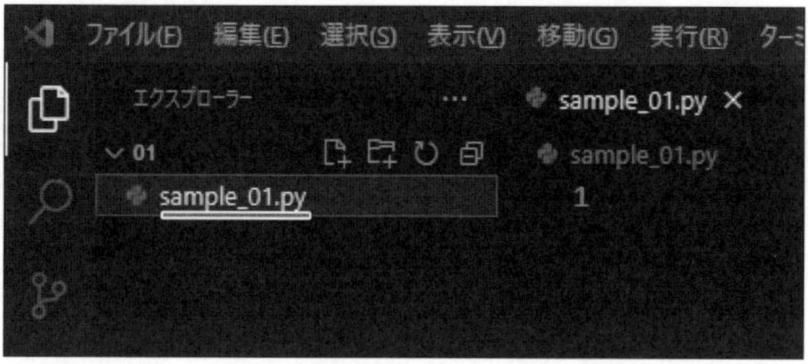

図1-23　新しいファイルの名前として「sample_01.py」を入力した

ドット以降のpyはPythonのソースプログラムであることを表す拡張子です。この画面の右側のエディター・ウィンドウにプログラムのコードを入力していくわけです。

麻美　「さくらちゃん、おつかれー。ここまでできれば、Pythonでプログラムを作れるわよ」

さくら　「麻美先輩、ありがとうございました。でも、わたしプログラムを作れるって言われても、何の準備もしてなくって……」

麻美　「準備？ プログラミングに準備なんて必要ないわよ」

さくら　「でも、プログラミングって一字一句間違えないで書かないといけないんですよね。大学で勉強したときは本に書いてあるのを間違わないようにそぉーと打ち込んでましたけど、途中でつづりを間違えたら、英語で何かいっぱい文字が出てきてあせっちゃって……。単語帳とか作っておいた方がいいのかなって」

麻美　「そういうのは、さっきインストールしたPylanceがあるから大丈夫なのよ。やってみればわかるって。」

麻美のオススメ

拡張子を表示させてますか？

みなさん、拡張子って知ってますか？ わたしもプログラムを作るようになるまでは、拡張子なんて意識したことがなかったんだけど、Windowsのファイルは拡張子で分類されているの。たとえば、Excelのブック形式の拡張子はxlsxでしょ。Wordならdocx。

知らない人もいるかもしれないから説明するけど、Windowsのエクスプローラーで［表示］タブを開いて［ファイル名拡張子］のチェックボックスにチェックを付けると、拡張子が表示されるようになるの。

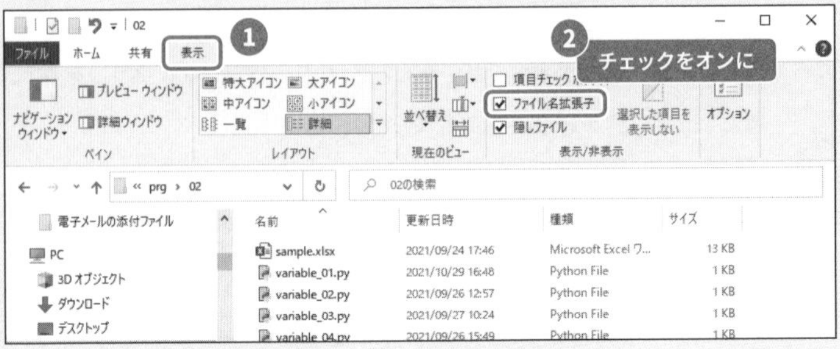

図1-24　Windowsのエクスプローラーで拡張子を表示

見たことないって人はぜひチェック付けて、どのファイルがどんな拡張子になっているのか、確かめてみてね。

プログラムを入力する

ではさっそく、先ほど作ったsample_01.pyにプログラムコードを入力していきましょう。

ここで入力するのはprint関数を使ったコードです。Pythonにはあらかじめ、数値や文字列を出力するprintという関数が用意されています。プログラミング言語ではPythonに限らず、関数というと一般に、関数名といっしょに何らかのデータを記述します。これを「引数」(ひきすう)といいます。プログラミン言語の実行環境は、関数名と引数を受け取ることで、指定された処理をするわけです。

print関数の場合は

```
print ('First program')
```

のように(と)の間に引数を記述することで、関数のprintと文字列の「First program」を受け取ります。そして、print関数で規定された処理として、その内容を出力します。この引数を渡すとき、文字列(1文字以上の連続した文字のまとまり)は

```
'First program'
```

のように必ずシングルクォートで囲みます。シングルクォートではなく、ダブルクォートを使ってもかまいません[*13]。数値を扱うときははそのまま、

```
print (100)
```

*13　このとき、前側がシングルで後ろ側がダブル、もしくはその逆のように混在させてはいけません。シングルならシングル、ダブルならダブルでそろえます。

のように記述します。

つづりを間違えるとエラーになる

関数名はプログラミング言語の「取り決め」に従って記述しなければならないものですから、

```
print
```

と書かなければならないところを、

```
plint
```

のように打ち間違えたまま実行すると、「plintという名前は定義されていないよ」と怒られてしまいます。

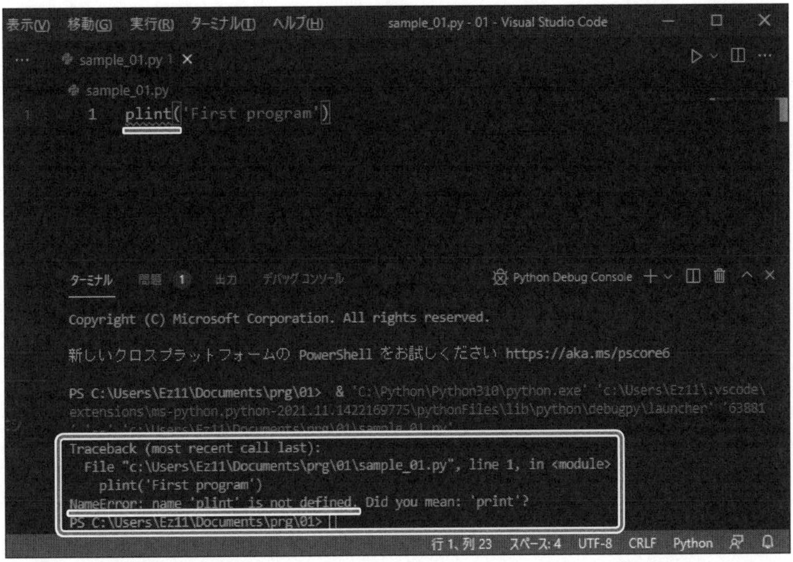

図1-25　printと記述すべきところをplintと入力してしまったコードを実行した場合のエラーメッセージ

それが、

```
NameError: name 'plint' is not defined.
```

というテキストの部分で、これがエラーメッセージです[*14]。plintはprintに似ているので、Pylanceは親切にも

```
Did you mean: 'print'?
```

と、親切にも「もしかしてprintのつもり?」と聞いてくれています。

このようにプログラミングではつづり（スペル）を間違えるとエラーになってしまいます。中学や高校のころの英作文のテストで、構文は合っているのに、単語のスペルが違っているために減点されるようなイメージです。プログラミング

*14　このエラーメッセージが表示されている領域のことを「ターミナル」といいます。ターミナルの上のコードを記述する領域のことを「エディター」といいます。

の場合、数百、数千あるいはそれ以上の行数があるようなプログラムコードでも、その中に1カ所でもスペルミスが混じっているだけで、そのプログラムは動きません。相手が人間だったら、スペルミスを含む英文でも、前後の文脈から推測して本来使おうとしていた単語に読み換えて意味を理解してくれることもあるでしょう。でも、プログラミング言語の場合、「printの間違いじゃないか」と提案はしてくれても（それでもプログラミング環境としては最大限に親切です）、意図をくみ取って自動で書き換えるようなことはしてくれません。人間がテキトーに書いて、コンピューターがテキトーに解釈するとしたら、どんな実行結果になるかわかりませんよね。それでは困ります。

でも、だからといって、プログラムの中にたくさん出てくる関数や命令の名前を全部覚えておかないといけないわけではありません。VS CodeにはPylanceのような入力支援機能があるからです。

どのように支援してくれるかをちょっと紹介しておきましょう。たとえば、プログラムを実行する前に、こうした間違いを指摘してくれます。plintと入力してしまうと、その下に波線が表示されます。これが、Pylanceが「ここはおかしいのでは？」と考えたサインになります。この波線にマウスポインターを合わせると「"plint" is not defined」とPylanceが教えてくれるのです。

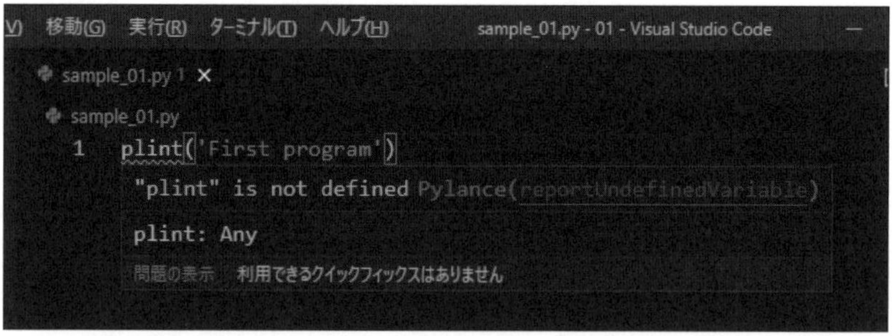

図1-26　**plintの下の波線にマウスポインターを合わせたときの表示**

また、エディターでコードを入力中に、たとえばpだけ入力するとpで始まる関数名などが自動的にリスト表示されます。このため、正しい関数名が思い出せずにうろ覚えであっても、先頭の数文字さえ正しく入力できれば、このリストから選択して入力することができます。

図1-27　**pと入力しただけで、pで始まる関数名などが入力文字の候補としてリストアップされる**

この入力補完機能を使って、2行目に

```
print ("最初のプログラム")
```

と入力しました。このようにプログラムはやりたいことを順に書いていきます。

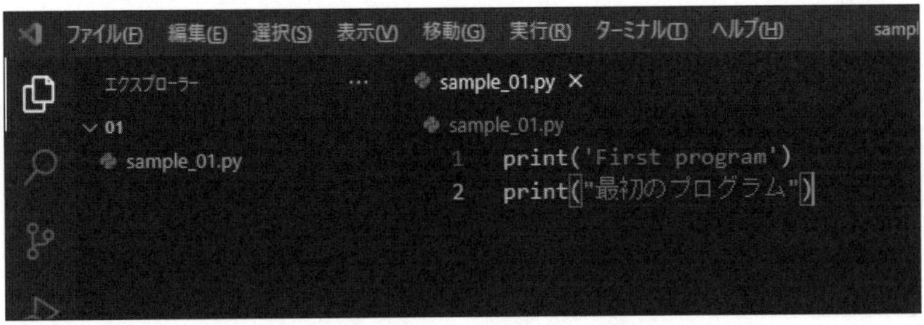

図1-28　**2行目にprint ("最初のプログラム") と入力したところ**

入力補完機能があるので、プログラム中に出てくる単語のスペルをがんばって覚える必要はありません。こうした機能を積極的に活用し、それを頼りにプログラムをいくつも書いていきましょう。頻繁に出てくる関数やコードの書き方は、自然と手が覚えていくものです。それに身をまかせておけばいいでしょう。

ですから、本書でこれから勉強していくのは「こんな風に書くんだ」という文法と「こんなことができるんだ」という機能です。入力機能を使って「こんな風に書くんだ」の例を紹介しておきましょう。たとえば次の図はPrint関数の使い方のヒントが表示されたところです。

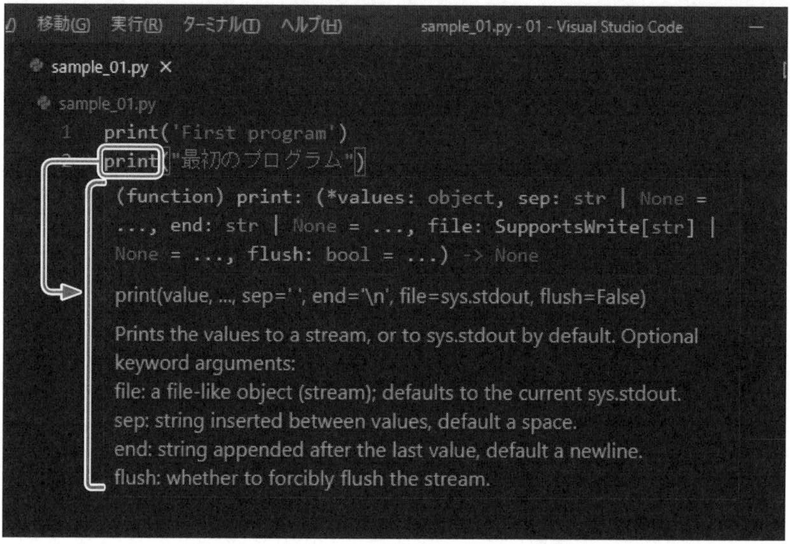

図1-29　コード内のprintにマウスポインターを当てたときに表示されるprint関数の説明

このように、関数の使い方に迷ったら関数名にマウスポインターを当ててみてください。こうした説明を表示させることができます。この説明だと少しとっつきにくいかもしれませんが、本書を読み進めていくうちに必ず慣れてきて「フムフム」と読めるようになると思います

覚えておきたいVS Codeの基本機能

VS Codeの基本的な使い方をもう少し紹介しておきましょう。プログラムにコードを追加したり、内容を変更したりしたら、ファイルメニューから保存を選択して保存します。ショートカットキーはCtrl+Sです。

作成したプログラムを実行するには、「実行」メニューから、「デバッグの開始」もしくは「デバッグなしで実行」を選びます。

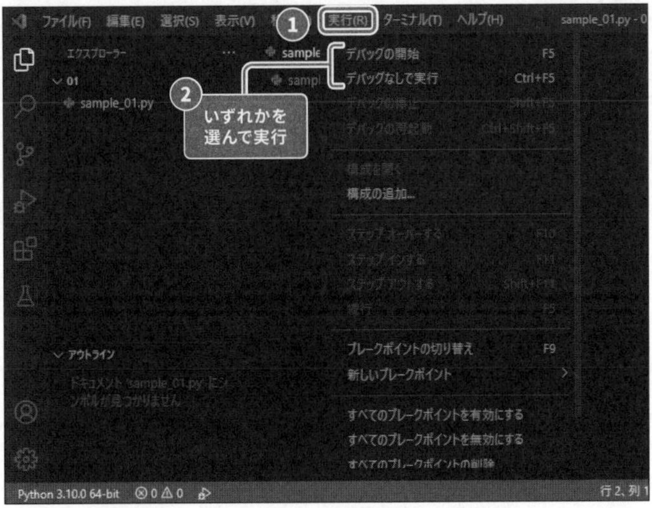

図1-30　実行メニューでプログラムをVS Code上で実行できる

「デバッグの開始」を選ぶと、特に動作を確認したい行で実行中のプログラムをいったん止めたり、処理が進んでいく様子を観察するために少しずつ実行したりすることができます。これにより、プログラムの誤りがないかどうか、問題がある場合にはどこに誤りがあるのかを見つけやすくなるのですね。デバッグの方法については後ほど説明しますが、この章で作る数行程度のプログラムなら、どちらの方法で実行しても構いません。なお、「デバッグの開始」を実行したときにSelect a debug configurationの選択が求められたときは、Python Fileを選んでください。

ここでは「デバッグなしで実行」を選んでみましょう。

図1-31 「デバッグなしで実行」を選んでプログラムを動作させたときのターミナル

sample_01.pyを「デバッグなしで実行」で動作させると、ターミナルに

```
First program
最初のプログラム
```

という2行の文字列が表示されました。

次に　数値を扱うプログラムを新しくsample_02.pyというファイル名で作成して、実行してみましょう。ここまでの説明を参考にして次のコードを入力します。

コード1-1 数値を扱うsample_02.py

```
print(100)
a = 10
print(a)
a += 100
print(a)
```

入力し終えたら、「デバッグなしで実行」でsample_02.pyを実行します。

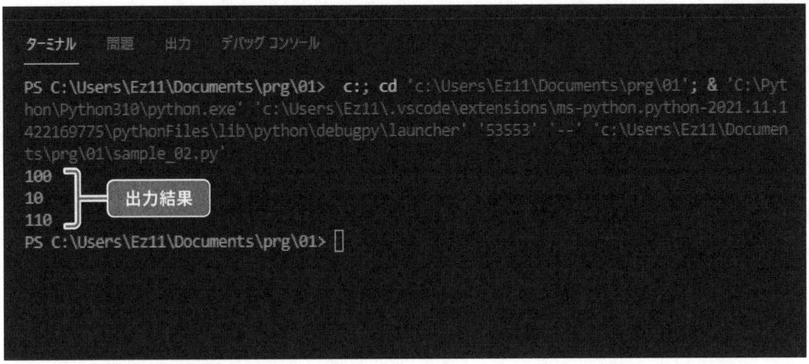

図1-32　sample_02.pyを実行したところ

sample_02.pyではまず1行目で

```
print (100)
```

として100を出力しています。2行目では変数aに10を代入しています。そして、3行目の

```
print (a)
```

で変数aを出力すると10とターミナルに表示されます。4行目の

```
a += 100
```

は、その時点の変数aの値に100を加えます。2行目で変数aには10を代入していたので、この時点でaの値は10。これに100を加えました。そして5行目でもう一度

```
print(a)
```

によりaの値を出力すると、110と表示されます。変数とは何かについて、また

+=などの記号[*15]については次の章で説明します。

ここでは数値はクォートで囲まないこと、それから、プログラムは上から下に順に実行されることを覚えてください。

今日のふりかえり

センガク「さくらクン、お疲れさま。予定通り進んだようでよかったね。今日、勉強したことを簡単でいいからまとめておいて」

さくら「はい、麻美先輩に教えてもらったので、なんとか最初のプログラムを実行するところまでできました。そうですね。忘れないうちに今日、教えてもらったことをメモしておきます」

- Pythonをインストールするときは、Path環境変数に登録する
- Pythonをインストールするときは、インストール先を簡単なディレクトリに変更する
- VS Codeをインストールするときも、Path環境変数に登録する
- VS Codeをインストールしたら、拡張機能Japanese Language Pack for Visual Studio Codeをインストールする。すると、VS Codeが日本語化される
- VS Codeをインストールしたら、Python拡張機能をインストールする。すると、Pythonプログラミングがやりやすくなる
- Python拡張機能をインストールしたら、Pylanceもインストールされる
- プログラムを保存するフォルダーを作っておいて、VS Codeから「フォルダーを開く」で開く
- プログラムは上から下に順に実行される
- 文字列はシングルクォートかダブルクォートで囲むけど、数値はそのまま書く

---

*15　こうした計算に使う記号のことを演算子といいます。様々な演算子についても詳しくは後で説明します。

さくら　「えーっと、こんなところかしら。ディレクトリとフォルダーって二つの言葉が出てきたけど、同じ意味で使われているみたいね。あと、『プログラミング言語とは何か』みたいな難しい話もあったけど、まあ、いいか。今はわからなくても。それから、富井課長はちょっとうるさいので要注意と（笑）」

研修 **2** 日目

変数と演算を知る

センガク　「おはよう、さくらクン。早いね。なに、ノート開いて何か勉強しているの？」

さくら　「あっ、センガク室長、おはようございます。Pythonの予習をしておこうと思って学生のときの授業のノートを読み返しているんですが、やっぱりよくわからなくて」

センガク　「なに、なにa = 1をするとaに1が入る。x += 1はxに1を加算する。うん、うん、ちゃんとノートとっているじゃん」

さくら　「はい、でも自分で書いたんですけど、わからないんです。a = 1は『aは1に等しい』ってことじゃないんですか？」

センガク　「数学では、a = 1は『aは1』だね。でも、Pythonでは=は代入演算子といって『右辺の値を左辺に入れる』だね。だから、こう書くとaの値は1になる」

麻美　「なになに、うへぇーの値をさへぃに入れるだって？　朝からがんばっているね。さくらちゃん」

センガク　「こらこら、現れ方が富井課長みたいだぞ。Pythonだと『aは1に等しい』と表したかったら『a == 1』と=を二つ続けるんだ。比較演算子の中の等価演算子だね」

さくら　「比較演算子の中の等価演算子、難しいですね。そもそも変数aとかxってなんですか」

センガク　「じゃあもうさっそく研修を始めようか。今日は変数と演算子についてだ。難しくはないけど、誤解のないようにしないとね。僕が説明するよ」

• • • • • • • •

プログラミングの勉強を始めて、最初にぶちあたる壁は変数かもしれません。プログラムをコンピューター上で実行すると、その途中の段階で様々な値を扱います。そうした値を覚えておくために、プログラミングでは変数というものを使います。たとえば、バスケットボールの試合で得点を計算するプログラムで、変数の使い方を具体的に考えてみましょう。

Aチームの得点を計算するために用意するのが変数aです。同様に、Bチームの得点を計算するために変数bを用意します。a、bという変数の名前に意味はありません。x、yでもabcでもzzzでも構いません。しかし、わかりやすく名前を付けるための推奨ルールはあります。そのことは後であらためて説明します。

試合開始の時点では、両チームの得点は0なので、

```
a = 0
b = 0
```

とします。この「=」を代入演算子と言います。

```
a = 0
```

は変数aに0を入れる（代入する）という意味です。代入演算子は右辺の値を左辺の変数に代入します。

具体的な計算をする前にaに0を代入する操作のことを、一般に変数の初期化と言います。変数を使うときは、最初に初期化することが必要です。

```
a = 0
b = 0
```

と2行で書いているコードは

```
a = b = 0
```

と1行で書くこともできます。1行で書けるから合理的だと思われるかもしれませんが、Pythonではわかりやすさが優先されます。無理に1行にまとめるような工夫を凝らすことよりも、素直に

```
a = 0
b = 0
```

と2行に分けて書いた方が望ましいです。

さて、バスケットボールの試合に戻りましょう。得点板で両チームの得点をゼロに直すように変数を初期化したら、試合開始です。バスケットボールでは、3

ポイントラインの外側からゴールしたら3点、内側からなら2点、フリースローなら1点です。シュートが決まったら、その違いに従ってそれぞれのチームの得点を加算していきます。

これをPythonのプログラムで表現すると次のようになります。

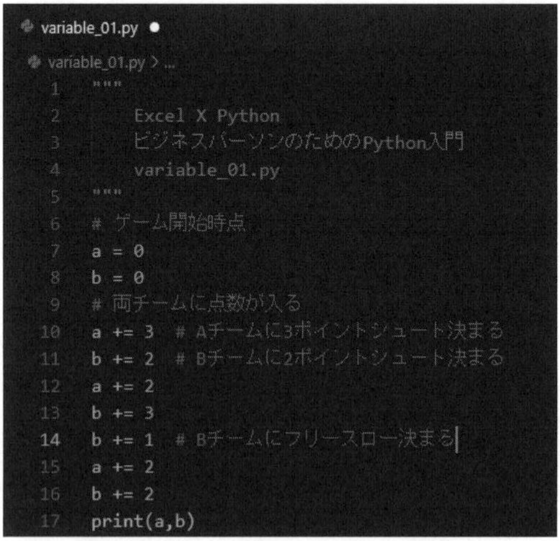

図2-1　バスケットボールの得点を計算するプログラム（variable_01.py）

このプログラムでは、試合の経過に合わせて

```
a += 3
b += 2
```

と変数aとbに得点を加算していきます。+=は複合代入演算子と言います。複合代入演算子は代入演算子と算術演算子の組み合わせです。

```
a += 3
```

は

```
a = a + 3
```

と同じ意味です。変数aの値に3を足して、その結果を新しく変数aに入れ直すという意味です。

このプログラムで使っている変数aとbは、下の図のような得点板の左右のめくる部分と同じです。

真ん中の黄色い部分はバスケットボールなら前半／後半、バレーボールなどでは何セット目かを表すところです。プログラムを作るときには、これも一つの変数ととらえることができます。

プログラム（ゲーム）が始まったら、得点を0に初期化して、プログラムの進行（ゲームの進行）に合わせて、得点にあたる値を維持します。これがプログラムの中での変数の役割です。

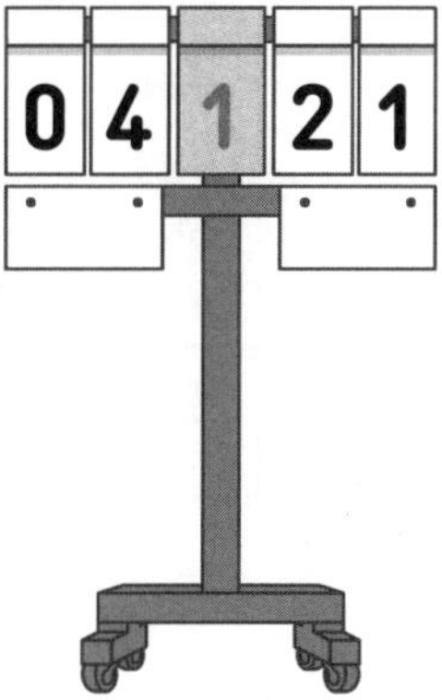

図2-2　得点板の例

演算子について

ここまでで「複合代入演算子」「代入演算子」「算術演算子」[*1]。という言葉が出てきました。これまでのところは他に覚えてほしいポイントがあったので、あえて詳しい説明をしないように進めてきました。変数の大まかな説明ができたので、この段階で代表的な演算子について説明しておきましょう。

パソコンをPCと呼ぶこともあるのはご存じの人も多いでしょう。PCはPersonal Computerの略です。CにあたるComputerは「計算機」です。パソコンの一番の使い道が時代とともに動画を見ることやSNSで人とつながることに移り変わっても、最も得意なことは計算です。

＊1　代入演算子は「だいにゅうえんざんし」と読みます。算術演算子は「さんじゅつえんざんし」です。初めてこうした言葉に触れた人は「これ何て読むの？」となるかもしれませんね。

プログラム内で、そうした計算をするときに使うのが演算子です。前述の通り、演算子には算術演算子、代入演算子、比較演算子などがあります。ここでは四則演算をはじめとする算術演算子から見ていきましょう。主な算術演算子には以下のようなものがあります。

表2-1　主な算術演算子

演算の内容	記号	数式の例
たし算	＋	a + 1
ひき算	ー	3 - 2
かけ算	*（アスタリスク）	b * 4
わり算	/（スラッシュ）	6 / 2
商を整数	//	3 // 2（結果は1）
剰余算	%	6 % 4（結果は2）
べき乗	**	5**3（結果は125）

たし算（＋）、ひき算（ー）は問題ないですね。かけ算には「×」ではなく*（アスタリスク）を使います。わり算は「÷」ではなく/（スラッシュ）です。

四則演算のコードを試してみよう

VS Code上で、演算子の動作を試すことができます。VS CodeのターミナルでPythonを起動することで、Pythonのプログラムコードを実行できるためです。

通常、VS Codeを起動すると、ターミナルも起動した状態でウィンドウが開きます。画面右側の領域の下半分がターミナルです。もし何らかの理由でターミナルが表示されていなかったら、「ターミナル」メニューから「新しいターミナル」を選んで、ターミナルを表示します。ターミナルはWindowsではデフォルトでPowerShell、macOSではOS標準の「ターミナル」を開きます。別のアプリケーションウィンドウが開くというのではなく、VS Code内のターミナルの領域の中でそれぞれが呼び出されることになります。

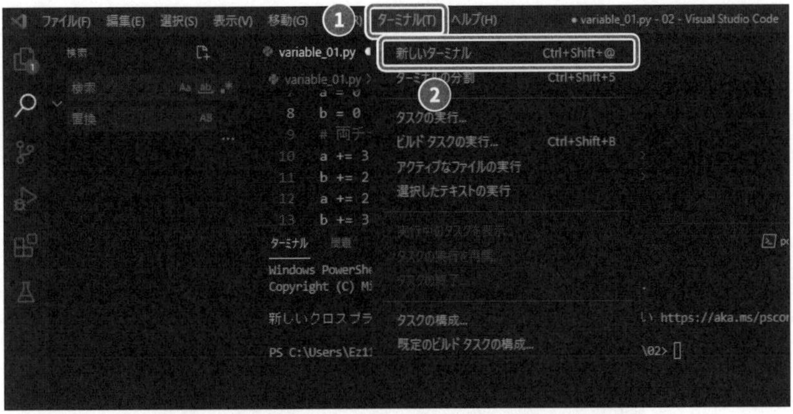

図2-3　を開く場合は「ターミナル」メニューから「新しいターミナル」を選ぶ（①②）

ここでターミナルに表示された「>」記号の後ろに、「python」と入力してEnterキーを押します。これでPythonが起動し、プロンプトが「>」から「>>>」に変わります。

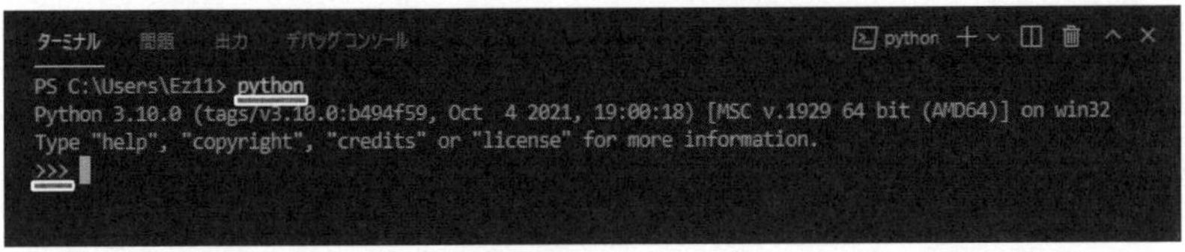

図2-4　「python」と入力してPythonを起動する

この「>>>」がPythonのプロンプトです。この状態になれば、ターミナルでインタラクティブ（対話的）にPythonのプログラムコードを入力して実行することができます。Pythonを終了するには、

```
quit()
```

と入力します。

最初に算術演算のたし算とひき算を試してみましょう。

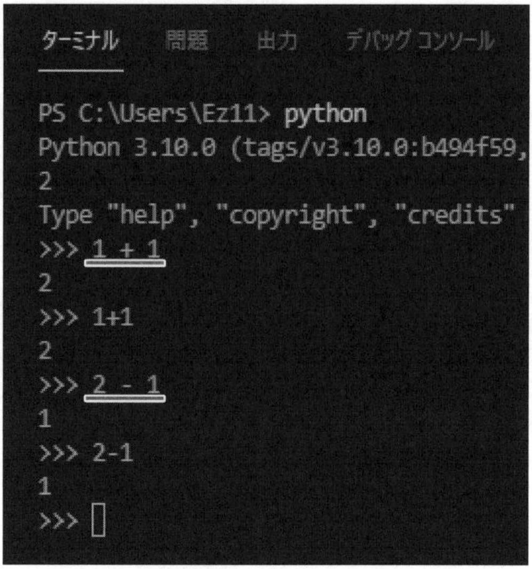

図2-5　たし算とひき算を「+」と「−」で実行

プロンプトに続けて

```
1 + 1
```

と入力してEnterキーを押すと、その下の行にその計算結果である「2」が表示されます。この処理のことを「1 + 1は2を返す」と言ったりします。同様に

```
2 - 1
```

は1を返します。

ここで、入力した

```
1 + 1
```

の書き方について触れておきましょう。この例では1と算術演算子（ここでは＋）の間をスペース（空白）で区切っています。Pythonではこのスペースによる区切りはあってもなくてもかまいません。同じ動作をします。でも、もっと複雑

に変数や数値を扱う記述になると、空けてあるほうが読みやすいコードになります。前述の通り、Pythonでは見やすさが重視されます。このために、こうした記述のときはスペースで変数や値と記号の間は空けるのが一般的です。

もちろん、実際のプログラムでは、このように数値同士の計算をすることはまれで、次のコードのように変数と数値、あるいは変数と変数で計算することがはるかに多いでしょう。

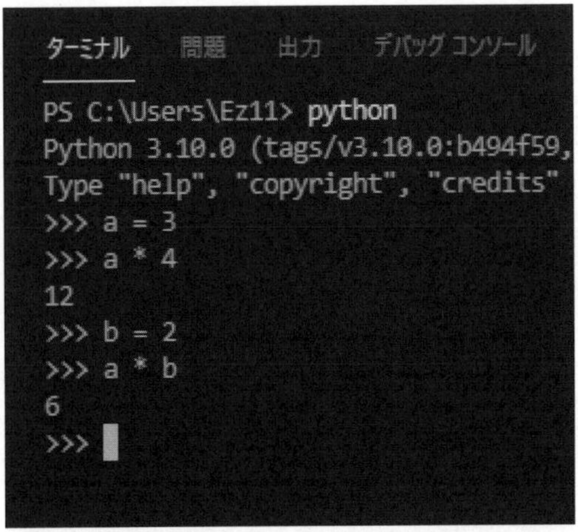

図2-6　**かけ算のコード**

最初に

```
a = 3
```

と入力して、変数aに3を代入します。次の入力でこのaに

```
a * 4
```

と4を掛けていますので、次の行で12が返ってきています。さらに次のプロンプトに

```
b = 2
```

とbに2を代入し、続いて

```
a * b
```

と、たし算、ひき算のときに使ったaとかけ算をしています。aには一度3を代入し、ここまでその値は3のままですから、6が返ってきます。実際に入力して確かめてみましょう。

わり算関連の演算子は3種類

わり算にはバリエーションがあり、求めたい値によって2種類の演算子が用意されています。まずコードの例を見てください。

図2-7　わり算の演算子を使ったコードの例

いわゆる算数のわり算をするための算術演算子はスラッシュ(/)です。でも、

```
10 / 3
```

は割り切れませんよね。このとき返ってくる値は、小数点以下を含む数値になります。プログラミングでは、このような小数点以下を含む数値と小数点以下の値を持たない数値を分けて考えます。こうした値の分類のことをデータ型と言います。10÷3を計算すると、答えは3.33333……となります。このように小数点以下の値を持つ数値のデータ型を浮動小数点数（float）型と言います。

一般に数値のデータ型には、この浮動小数点数型のほかに、整数（int）型があります。//とスラッシュを二つ続けると、割り算の商を整数（int）で返します。商とは、10÷3を計算したときの答え「3余り1」の3のことですね。

商を求めるわり算の演算子が//なら、余りを求める演算子もあります。

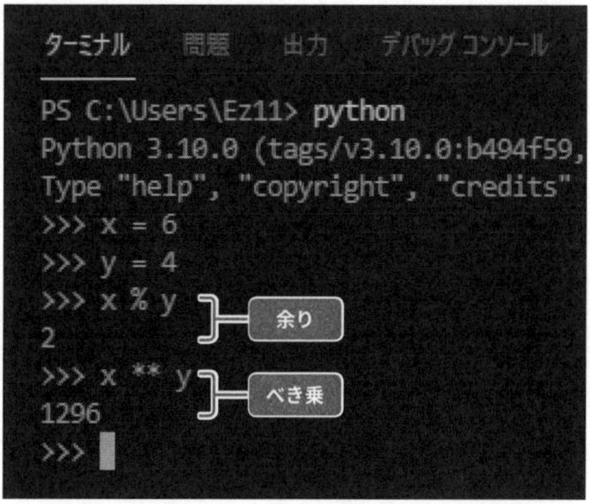

図2-8　**わり算の余りとべき乗の演算子を使った計算の例**

上の図では、xに6、yに4を代入して、

```
x % y
```

で剰余、つまり、xをyで割った余りを求めています。%は剰余を求める算術演算子です。

その下の**はべき乗を求める演算子です。

```
x ** y
```

はxの値をy回掛けた値を求めます。実行すると6の4乗で1296が返ってきます。

判断に重要な役割を果たす比較演算子

変数の値を比較したいときは、比較演算子を使います。たとえば、先ほどのバスケットボールの例では、両チームの点数を加算、記憶する変数a、bの値を比較することで、どちらのチームが勝っているのか判断できます。先に主な比較演算子を紹介します。

表2-2　主な比較演算子

演算の書き方	演算内容
a == b	aとbが等しい ときにTrueを返す
a != b	aとbが等しくない ときにTrue
a < b	aがbより小さいときにTrue
a <= b	aがb以下のときにTrue
a > b	aがbより大きいときにTrue
a >= b	aがb以上のときにTrue

この中からまずは、二つの値が等しいという比較する場合の演算子である==を使ったコードを見てみましょう。

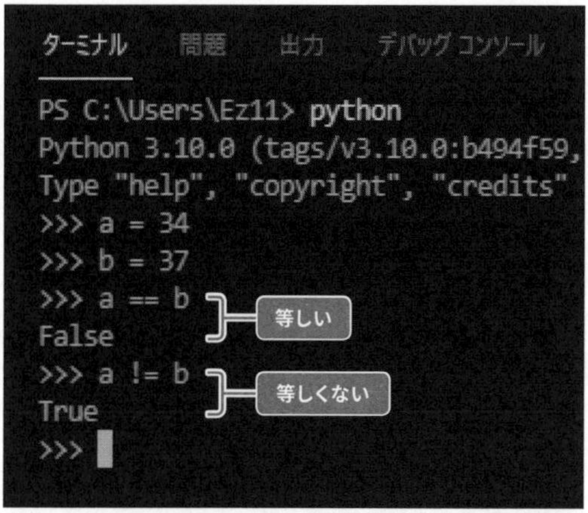

図2-9　「等しい」の演算子と「等しくない」の演算子を使ったコードの例

ここではまず変数aに34を、変数bに37を代入しました。そして、3番目の入力で

```
a == b
```

としてaの値がbの値と等しいか聞いています[*2]。比較演算子が返す値は必ずTrue（真）かFalse（偽）かの2種類のうちどちらかになります。等しいかどうかで比較した結果が正しければ（等しければ）True、正しくなければ（等しくなければ）Falseを返します。

比較演算子が返す結果は、プログラミングで扱うデータの中ではbool[*3]（真偽値）型と呼ばれるデータ型として分類されています。bool型はTrueとFalseの2値しか持たないデータ型です。34は37と等しくないのでFalseが返ってきます。

＊2　ここで「aの値がbの値と等しいか聞いています」と、「聞く」という書き方をしました。これもプログラマーがよく使う表現です。別にSiriやGoogleアシスタントに音声で教えてもらおうというわけではないのですが、プログラムがちゃんと動くかどうかは実行して結果を見てみようという意味で「コンピューターに聞いてみよう」などと言います。a == bと入力することにより、aとbの値が等しいかPythonインタープリターに聞いているわけです。その結果、PythonはFalseと答えてくれています。

＊3　boolは「ブール」と読みます。

「等しい」に対して「等しくない」を調べる比較演算子もあります。

```
a != b
```

はa not equal（ノットイコール）bを示します。これにより、aの値がbの値と等しくないか聞いています。aの値が34、bが37ですから、確かにaとbは「等しくない」ですね。このため、その結果としてTrue（真）が返ってきています。

ここまでは等しいかどうかを見てきたので、次に大小を比較してみましょう。

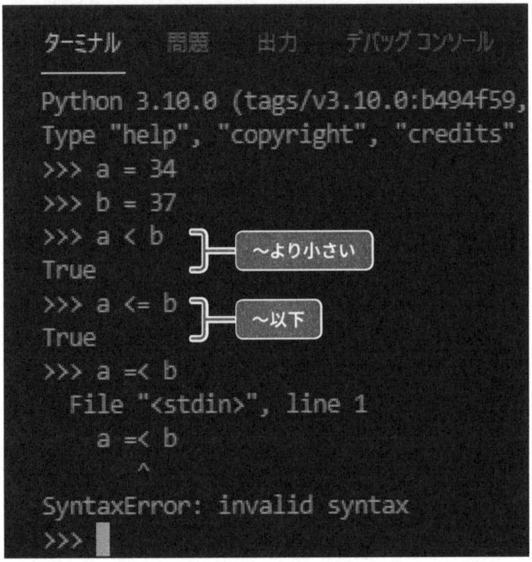

図2-10　**大小を比較する演算子を使ったコードの例**

あらかじめ変数aに34、変数bに37を代入したら、次に

```
a < b
```

と入力しています。これにより「aがbより小さいか」をコンピューターに聞いています。34（変数a）は37（変数b）より小さいので、その結果は「正しい」ためTrueが返されています。

その次の

```
a <= b
```

が表しているのは、「aはb以下」かです。イコール（等しい）を含みます。aは34でbは37なので、

```
a < b
a <= b
```

はともにTrueを返します。もし、変数aも変数bも同じ数（たとえば34）だったら、どうなるでしょうか。考えてみてください。

aとbが同じ値なら

```
a < b
```

は成立しない（正しくない）のでFalseが返され、

```
a <= b
```

は成立する（正しい）ので、Trueが返されるはずです。お手元のVS Codeで確かめておいてください。

＜と＝を書く順序は決まっています。不等号(＜)が先で等号（＝）が後です。間違って

```
a =< b
```

と入力して実行すると、

```
SyntaxError: invalid syntax
```

というエラーメッセージが表示され、答えは示されません。「SyntaxError: invalid syntax」は「文法が間違っているよ、そんな構文はないよ」という意味

です。初めてプログラミングする人には、こんなエラーが表示されるとビックリして、早くエラーを消そうとあたふたする人も見受けられますが、このエラーは書き方の間違いを教えてくれているだけなので、「フムフム、こういう書き方はダメなのか」と納得すれば良いのです。仕事で急いでプログラミングしているときはエラーなんか見たくないのですが、エラーをよく見て理解することがプログラミング上達の早道です。どこをどう直せばいいかのヒントが書かれているからです。

不等号の向きを反対にした記述も可能です。

```
a > b
```

はaがbより大きいときにTrueを返します。また、

```
a >= b
```

はaがb以上のときにTrueを返します。

変数に値を設定するときに使う代入演算子

代入演算子もプログラミングをしていると頻繁に使います。ここまでに紹介したサンプルコードでも、もう何回も使ってきましたね。まずは主な代入演算子を見てください。

表2-3　主な代入演算子

演算の書き方	演算内容
a = 1	aに1を代入
a += b	a + b の結果をaに代入
a -= b	a - b の結果をaに代入
a *= b	a * b の結果をaに代入
a /= b	a / b の結果をaに代入
a %= b	a / b の余りをaに代入

では、この表の上から順に詳しく見ていきましょう。まずはすでに出てきた「＝」です。

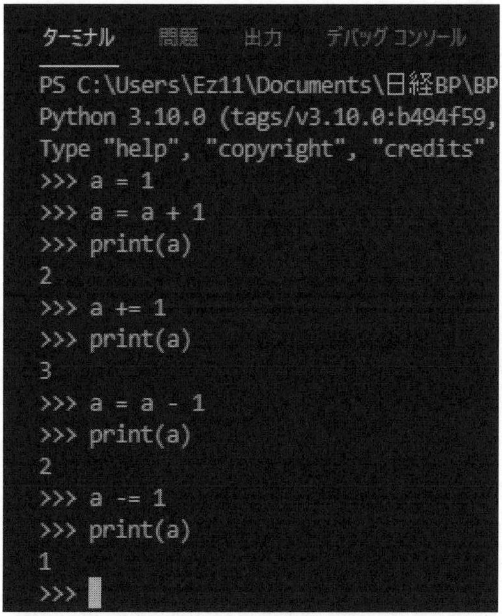

図2-11　代入演算子を使ったコードの例

最初に入力した

```
a = 1
```

は、もうわかりますよね。変数aに値1を入れるコードです。この変数aに1を加算したいときはどうするかわかりますか。素直に考えると、

```
a = a + 1
```

と書くことができます。この書き方はわかりやすいのですが、実はこうしたコードは頻繁に出てきます。いちいちこう書くのは面倒くさいので、Pythonでは

```
a += 1
```

と書けば、同じ代入ができるようになっています。こういう書き方をする演算子を、特に複合代入演算子と言います。

＋の代わりに－を使って

```
a -= 1
```

と入力すれば、変数aから1を減算して、その結果を変数aに代入し直すという処理をこれだけの記述で実行できます。

同様に、かけ算、わり算にも複合代入演算子があります。

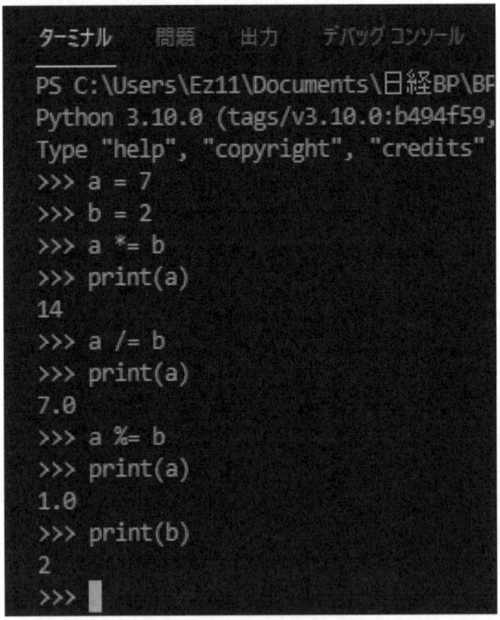

図2-12　**かけ算とわり算の複合代入演算子のコードの例**

最初と2番目の入力でaに7、bに2を代入し、3番目の入力で複合代入演算子を使っています。演算内容はもうおわかりですね。

```
a *= b
```

とすることで、「aにbを掛けて、その結果をaに代入」します。その結果、aの値は計算前と計算後で7から14に変わります。変化するのは常に左辺のaで、右辺のbは始めに代入した値のままです（つまり2のままです）。

コンピューターの「判断」に使うブール演算子

もうひとつ重要な演算子があります。ブール演算子です。これは論理演算子とも呼ばれます。ブール演算子は複数の条件があるときに、そうした条件が満たされているかどうかを評価するために使います。それだけでなく条件を逆にすることもできます。

ブール演算子には、以下のものがあります。

表2-4　ブール（論理）演算子

演算の書き方	演算の結果
a and b	論理積…aとbのどちらもTrueならTrue
a or b	論理和…aとbのどちらかがTrueならTrue
not a	否定　…aがTrueならFalse、FlaseならTrue

ブール演算子を使ったコードも見てみましょう。

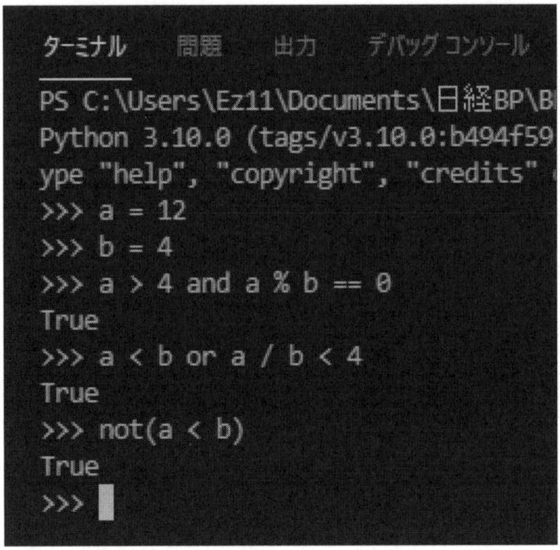

図2-13　ブール演算子を使ったコードの例

これまで見てきた演算子は、数学の授業でも見たことのあるものが多かったと思いますが、ブール演算子は見慣れない人が多いことと思います。そのため、少し難しいように見えるかもしれませんが、記述された条件を一つずつ見ていけば大丈夫です。

この図の入力によると、aは12、bは4です。3番目の入力で使ったandは「論理積」を示します。andの左側と右側の条件がどちらもTrueを返すときに、and演算子はTrueを返します。この

```
a > 4 and a % b == 0
```

という記述では、aは4より大きく（andの左側の条件）、12÷4の余りは0（andの右側の条件）でいずれもTrueなので、andはTrueを返します。

その次に入力したorは「論理和」です。orの左側と右側のどちらかがTrueならTrueを返します。入力した

```
a < b or a / b < 4
```

を順を追って見ていきましょう。まずor演算子の左側の条件である

```
a < b
```

は、aが12でbが4ですから、成立しません。このためこの条件はFalseです。一方、右側の条件である

```
a / b < 4
```

bが4なので12÷4は3。これは4より小さいですから、こちらはTrueです。この場合、

```
a < b or a / b < 4
```

は左はFalseですが右はTrueなので、or演算子はTrueを返します。

最後に入力した

```
not(a < b)
```

は条件である12 < 4は成立しません。なのでこの条件はFalseです。でも、notは設定した条件の否定なので、12 < 4のFalseが否定され、Trueを返します。not(False)はTrueだからですね。

麻美のオススメ

難しい言葉だと思ったら単語の意味を調べよう

日本で初めてプログラミングの本が販売されたのがいつなのか、わたしは知らないんだけど、1940年代にはアセンブラ、1960年代にはFORTRANやCOBOLなどプログラミング言語が誕生したらしいの（ちなみにこの本を書いている人はアセンブラとCOBOLの経験があるそうです。結構、年寄りなのね）。たぶん、それからほどなく英語で書かれたそうした言語の解説書が日本語に翻訳されたんじゃないかな。

算術演算子は、arithmetic operatorの訳なのね。arithmeticはmathematics（数学）と比べると簡単な算数や四則演算などを意味します。operatorはオペレート（操作、運転）する人やものの意味。だから、arithmetic operatorを算術演算子なんて格調高い訳語にするから難しく見えるんであって、簡単な言葉に直して「計算に使う記号」でいいんじゃないかしら。プログラミングをむずかしーい感じにしているのはこんな用語のせいもあると思うの。だから、もし元の言葉がわかったときには辞書でその意味を調べてみると、そっちのほうがわかりやすいってこともあるかもね。昔の翻訳は格調高すぎるのよ。もっとお気楽に行きましょう。

コメントの使い方

ここまで見ていただいたサンプルコードには説明を入れているところがありました。こうした説明のことをコメントといいます。コメントとして記述したテキストは、プログラムの実行に関係がない、人間が読むためのプログラムの説明や注釈としてプログラム中に書いておくことができます。

Pythonには3種類のコメントの書き方があります。

コード2-1　コメントの書き方（variable_01.pyより抜粋）

```
01 """    ……①
02        Excel X Python
03        ビジネスパーソンのためのPython入門
04        variable_01.py
05 """
06 # ゲーム開始時点     ……②
07 a = 0
08 b = 0               ……③
09 # 両チームに点数が入る
10 a += 3  # Aチームに3ポイントシュート決まる ……④
11 b += 2  # Bチームに2ポイントシュート決まる ……⑤
```

最初に10行目を見てください。この行に記述したのは、行の途中で#から始めるインラインコメントです。④のようにプログラムコードのあとに#を書くと、#を含めてそれ以降がコメントになり、プログラミング言語が実行できるようにバイトコードやマシン語に変換する部分から除外されます。

6行目の②のように行頭に#を書くと、その行がすべてコメントになります。これをブロックコメントといいます。

コメントは説明用に使うだけではありません。このコメント機能を利用してプログラムコードを書いた行の先頭に#を入力することで、その行のコードを実行させないようにすることができます。たとえば、8行目の先頭に#を入力すると、#b = 0となり、b = 0による変数の宣言と初期化が行われなくなります（③）。その状態でプログラムを実行すると、11行目（⑤）の

```
b += 2
```

を実行しようとしたところで「NameError: name 'b' is not defined」というエラーになります。

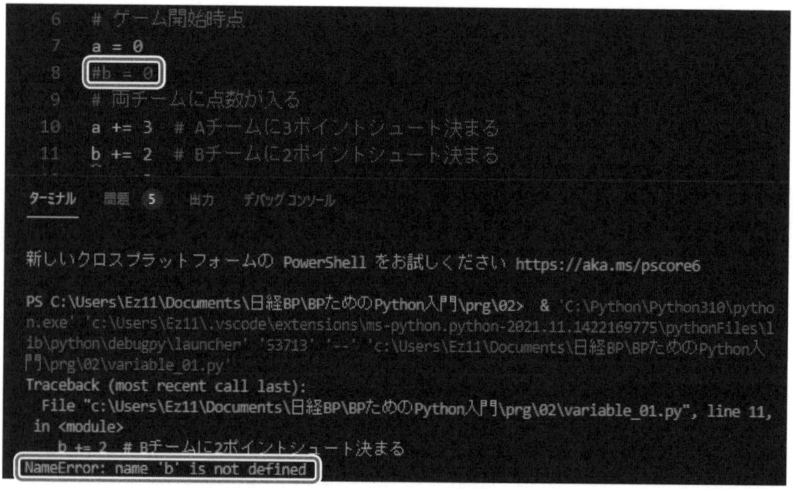

図2-14　8行目をコメントにしたせいで発生した「NameError: name 'b' is not defined」

このエラーの意味するところは、「bは宣言されていない」ということです。変数bの宣言と初期化をする

```
b = 0
```

をコメントにしたまま実行したのが原因です。

このようにコードをコメントにすることで、この行のコードがなかったらどうなるかを調べることができます。また、逆にプログラムの作成中だけ入れておく

コードは、最後にコメントにすることで、完成時には実行させないようにするといった使い方もできます。たとえば、プログラムが正しく動作しているかどうかを、途中段階の変数の値でチェックしたいといった場面は、プログラムを作るうえで頻繁に出てきます。そういうときはチェックしたい変数の値をprint関数で出力するコードをプログラムに入れておきます。こうすると試しに動作させたときに、少なくともそのprint関数のところまではうまく動いていることを確認できます。最終的にプログラムが問題なく動作することを確認し、完成したと言えるようになったら、そうした確認用のコードには#を付けて出力させないようにするといった使い方ができるのです。

3番目の方法は厳密にはコメント機能ではありません。それは冒頭の①のように、トリプルクォート文字列をコメントとして使う方法です。Pythonではシングルクォート（'）、もしくはダブルクォート（"）を 3 個つなげたトリプルクォート（''' もしくは """）で囲むことで、改行を含めた文字列を生成できます。

よくPythonの入門書では、トリプルクォート文字列を使ったコメントの書き方を複数行のコメントの書き方として紹介してあるのを見掛けますが、厳密に言うとこういうコメントの書き方がPythonに用意されているのではなく、トリプルクォート文字列という複数行にわたって文字列を記述する仕組みをコメントとして利用しているだけのことです。

トリプルクォート文字列には、文字列の途中で改行を入れることができます。そして、プログラム中にいきなり文字列を記述しても、コードの実行に支障はありません。だから、こんな書き方ができるのです。

ここでちょっとトリプルクォート文字列についての実験をしておきましょう。本当にトリプルクォート文字列が文字列として利用できるか確かめるために、トリプルクォート文字列を変数long_strに代入し、print関数で出力してみました。

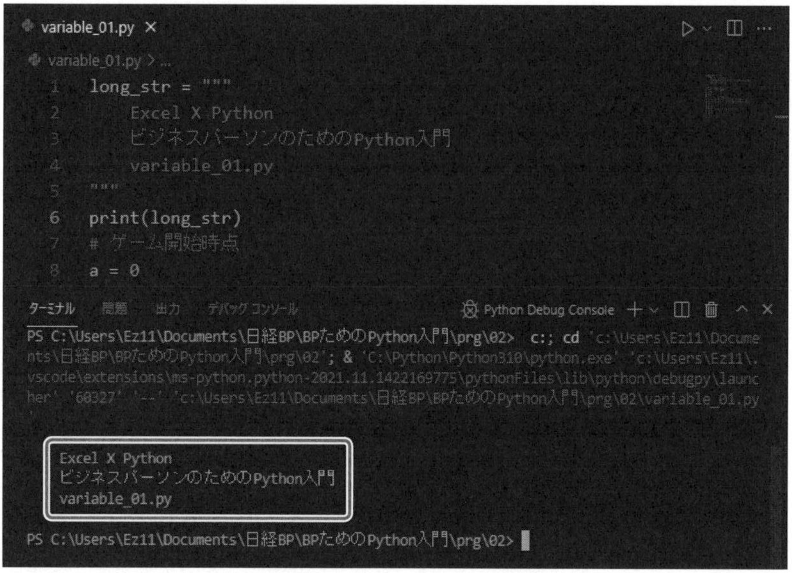

図2-15　トリプルクォートを使った文字列をprint関数で出力する

確かに、トリプルクォートで囲まれた複数行の文字列を、改行も含めて出力することができました。

話をコメントに戻しましょう。

プログラミングを始めたばかりの人を見ていると、コードを書くことに一生懸命になるあまりコメントを書くことをおろそかにするという傾向があるように思います。

逆に、ここでやるべきこと、やりたいことを先にコメントとして書いてから、プログラムコードを書くと、必要な変数や処理、それをコードにするために調べなければいけないことが明確になるので、プログラミングが進むこともあります。この先、プログラムを作る際に思ったようにコーディングが進まないといったことで悩むようになったら、「コメントを先に書く」を実践してみてはいかがでしょうか。

Excelとの比較で変数を考える

さて本章ではここまで変数について、変数を扱う演算子の使い方とともに説明してきました。変数のイメージは頭の中にできてきたでしょうか？ もしかすると漠然とした話のように思えてピンと来ていない人もいるかもしれません。そこでここからは目先を変えて、Excelがどのように値を扱っているかと見比べながら、変数の理解を深めていきましょう。

本章の図2-1で見てもらったプログラムvariable_01.pyで計算するバスケットボールの得点を、Excelで集計するためにこんなシートを考えてみました。

Aチームの得点をA列に、上から得点が入った時系列順に得点を入力していきます。Bチームの得点はB列に入力します。総得点を集計するには、各列の得点をそれぞれ合計することになるでしょう。

図2-16　Excelでバスケットボールの得点を記録・集計する

たとえば、上の図のようにA1セルからA10セルに入力されている数値を集計したいとき、ExcelではSUM関数を使います。合計を表示したいセルに

```
=SUM(セル範囲)
```

と入力すると、指定したセル範囲の合計値が表示されます。前の図の場合、セルA11には22と表示されます。Bチームの集計用には、B11にA11のセルのコピー＆ペーストで同じ式を入れますよね。Excelではこのように何気なくセルに値を入れたり、関数式を入力したりしていますが、実はこのときの各セルはそのまま変数と同じようなデータの入れ物と考えることができます。A列であれば、セルA11では、セルA1からA10の値をSUM関数で合計しています。各セルに入力された値を直接扱っているわけではありません。また、合計値を計算するセルA11自体も、別のセルで作った関数式で参照することができます。A11の値がどうあれ、関数式の中でA11と記述すれば、A11で計算した結果のみを利用できます

PythonでSUM関数を再現すると……

さて、Excelでつかんだ変数のイメージを生かせるように、PythonでExcelのセル範囲の値を集計するプログラムを作ってみました。ここで実際にExcelデータを操作するプログラムを体験してもらおうと思います。

コード2-2　Excel文書内の指定したセル範囲の値を集計するPythonのプログラム

variable_02.py

```
from openpyxl import load_workbook


wb = load_workbook(r"点取り表.xlsx")
ws = wb.active

sum_a = 0
```

```
08 sum_b = 0
09
10 for row in ws["A1:A10"]:
11     for cell in row:
12         sum_a += cell.value
13
14 for row in ws["B1:B10"]:
15     for cell in row:
16         sum_b += cell.value
17
18 print("Aチームの得点は",sum_a)
19 print("Bチームの得点は",sum_b)
```

何やらいきなり本格的なプログラムが出して、驚かせてしまったかもしれません。実はこれが、図2-16のExcelシートのセルA11およびセルB11で総得点を求めたのと同じ処理をするプログラムです。細かいところはこの後でじっくり説明することがほとんどなので、ここではExcelのセルを変数として扱っている様子を読み取っていただければと思います。合わせて、PythonでExcel文書を扱うときの手順についても説明しておこうと思います。

前述の通り、このプログラムはExcelファイルに記録されたAチームおよびBチームのそれぞれの獲得した個々の得点を読み込み、集計して総得点を求めます。集計する対象の範囲はAチームについてはセルA1からA10と、BチームについてはセルB1からB10という二つの範囲です。

プログラムの1行目で、openpyxlライブラリを読み込んでいます。このライブラリを使うことにより、PythonプログラムからExcelシートを直接操作できるようになります。まずは、このライブラリについて説明しておきましょう。

プログラムの機能を拡張するライブラリ

ライブラリというのは、ある目的のためのプログラムコードを使いやすく集めたものです。その目的を実現するための処理は、Pythonは標準では持っていないことがほとんどです。プログラミングとは、Python標準の関数や構文を使って、何らかの処理を実現するプログラムを作ることですが、その処理は別のプログラムでも使うことがあるかもしれません。そうした処理を、一つのプログラムを作るごとに新たに作るのは無駄です。同じ処理を実装するならば、以前に作った同じ処理のコードを使い回せたら便利です。そのように使い回しができるよう、別のプログラムからも利用できるようにしたコードのことをライブラリと呼びます。

ここでいうある目的とは、この例のようにExcelブックを操作するとか、科学技術計算をするとか、GUI（グラフィカル・ユーザー・インターフェース）を作るといったような目的です。こうしたライブラリがたくさんあれば、つまり新しくプログラムを作るときに使えるライブラリがあれば、それだけ自分が楽をできるというわけです。楽にプログラミングできるというのは、コーディングの省力化ができるというだけでなく、その部分についてはバグなどで苦労する可能性をゼロに近づけることができるといった意味もあります。

ライブラリは大きく内部ライブラリと外部ライブラリに分けられます。内部ライブラリはPythonをインストールしたときに同時にインストールされるライブラリなので、ただ単にプログラムの冒頭で読み込むだけで利用することができます。

それに対し外部ライブラリはいろいろな組織や作者によって作成・公開されています。利用にあたってはあらかじめ、Pythonに標準で付属するパッケージ管理ツールpipでインストールする必要があります。

openpyxlをインストールする

Excelデータを扱うためのライブラリであるopenpyxlは外部ライブラリです。本書では頻繁に使うライブラリなので、ここでインストールしておきましょう。

VS Codeのターミナルでpipを実行して、openpyxlライブラリをインストールします。具体的にはターミナルのプロンプトに続けて、

```
pip install openpyxl
```

と入力してEnterキーを押します

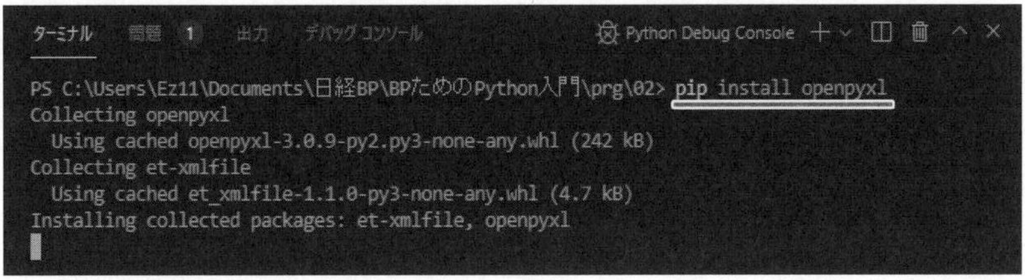

図2-17　**pipコマンドでopenpyxlをインストール**

pipはターミナル用のコマンドなので、Pythonが起動していたら（プロンプトが>>>だったら）Pythonを終了*4してからpipを実行します。インストールが終われば、プログラムからopenpyxlライブラリを利用できるようになります。本書ではpipについて詳しくは触れませんが、openpyxlライブラリを何らかの理由でアンインストールしたいときは、

```
pip uninstall openpyxl
```

と入力します。

では、プログラムの解説に戻りましょう。以降は1行ずつ説明していきます。繰り返しになりますが、現時点で理解してほしいのは変数の使い方だけなので、全部理解しようとせずに気楽に読んでください。まず1行目で

```
01  from openpyxl import load_workbook
```

と書くことにより、たった今インストールしたopenpyxlというExcelブックを扱うライブラリからload_workbook関数をインポート（取り込み）します。2行空けて4行目の

＊4　Pythonを終了させるには、プロンプト（>>>）に続けて「exit()」と入力してEnterキーを押します。かっこも含めて入力しましょう。

```
04  wb = load_workbook(r"点取り表.xlsx")
```

はExcelブックの点取り表.xlsxをロード（読み込み）します。

```
"点取り表.xlsx"
```

の前についているrは、ファイル名を間違えずに読むための文字です。rを付けると以降の文字列がraw文字列になりエスケープシーケンス[*5]を無効化します。このファイルをどこに読み込むのかというと、代入演算子である＝の左辺の変数wbです。

Excelのブック（以前はワークブックとも言いました）には複数のシート（以前はワークシートとも言いました）を作成することができます。でも実は点取り表.xlsxにあるシートは1枚だけです。点取り表.xlsxを開いたら、自動的にこの唯一のシートが開くことになります。そこで5行目の

```
ws = wb.active
```

により、ブックでアクティブな（現在選択されている）シートを変数wsに取得します。

```
07  sum_a = 0
08  sum_b = 0
```

が大事なポイントです。変数sum_aとsum_bの宣言と初期化です。変数を使うためには、このように初期化する必要があります。ここでは変数名をsum_a、sum_bとしました。合計を取るための変数だからsum、それぞれA列およびB列の数値を合計するから、sumの後ろに_aと_bを付けました。

*5　エスケープシーケンスとは\r（改行）や\t（タブ）などの特別な意味を持つ文字列のことです。

変数名は小文字で、定数名は大文字で

ExcelのSUM関数ではSUMは大文字なのに、このプログラムではsumと小文字で書きました。それには理由があります。それは定数と変数を分けるためです。おっと、またしても定数という新しい言葉が出てきましたね。これまで見てきた変数は、プログラムの実行途中で変化する値を記憶するために使うものです。これに対して、定数はプログラムの実行途中で変化しない値を宣言するために使います。

Python以外の言語には、定数名、変数名の書き方がそれぞれ決まっており、定数として定義するとその値は言語側で書き換えられないように動作するものがあります。そういう言語では、うっかり定数の値を書き換えるようなコードを書いてしまっても、そんなミスのせいで変更したくない値が書き換わってしまうことがありません。

でもPythonには、文法として定数は用意されていません。文法としての定数がないというのは、このように宣言しておけば、途中で値を変更することはできないという仕組みがないということです。プログラミングをする人が、注意してうっかり書き換えないようにコードを書く必要があります。

そこでPythonプログラマーの“常識”として、変数は小文字で宣言し、定数は大文字で宣言することで、変数と定数を見た目で区別するわけです。大文字で宣言してある変数は定数として扱うのだから、変更してはダメよと言いたいわけです。たとえば、円周率をPI = 3.14のように宣言したりします。こうしておけば、他の人がプログラムを見ても、どれが定数で、どれが変数かひと目でわかります。誰がプログラムを改造しようとしても、書き換えてはいけない値を書き換えてしまうミスを防げるのです。

プログラムの説明に戻りましょう10行目の

```
10  for row in ws["A1:A10"]:
```

からプログラムコードが難しくなります。ポイントを絞って説明します。この行の

```
ws["A1:A10"]
```

は、変数wsに読み込んだシートのセルA1からA10の範囲の値を示す記述です。for in句は複数の値で構成されたデータから、一つずつ順に値を取り出すときに使う記述です。この記述と動作については第4章で詳しく説明するので、よくわからなくても心配しないでください。

前述の通り、ws["A1:A10"]というセル範囲の中から、A列について1列分のみのデータを持つ行データを上から順に取り出し、変数rowに代入するわけです。ちなみにfor文の終わりには必ず:(コロン)を付けます。これを省略するとエラーになります。

表2-5　シート上のA1からA10へ順に

A列	B列
3	2
2	3
2	1
1	2
2	2
3	3
2	3
3	2
2	1
2	2

次の11行目の

```
11        for cell in row:
```

は変数rowからセルを順に取り出し、変数cellに入れるわけですが、読み取る対象の行には列は1列のみなので、値はセル一つ分ということになります。この行のコードで注目してもらいたいのは、その動作よりもインデント（字下げ）です。Pythonではこのインデントが重要なのです。インデント一般にTABキーやスペースキーで入れる[*6]のですが、Pythonにおいてはただインデントすればいいというものではありません。インデントはそれ自体文法要素なのです。

10行目と11行目を並べてみましょう。

```
10  for row in ws["A1:A10"]:
11      for cell in row:
```

のように、11行目の

```
    for cell in row:
```

を字下げ（インデント）することにより、この

```
for cell in row:
```

は10行目の

```
for row in ws["A1:A10"]:
```

の中の処理となります。つまり、10行目で取り出した行（row）からセル(cell)を取り出す（11行目）という処理をする際に上の行と深い関係のあるコードになります。

これを

```
for row in ws["A1:A10"]:
for cell in row:
```

とすると、2行目の

＊6　VS CodeではTABキーを1回押すことにより4個のスペースが入ります。これが最もミスが起きにくい入力方法なので、お薦めです。

```
for cell in row:
```

は、その上の

```
for row in ws["A1:A10"]:
```

の中の処理ではなくなり、IndentationErrorというエラーになります。これは「本来あるはずのインデントがない」というエラーです。

　プログラムの続きを見ていきましょう。

```
12		sum_a += cell.value
```

がA列の各行の値を変数sum_aに加算する処理です。インデントがもう1段階深くなっていますね。この深さの違いにより、

```
sum_a += cell.value
```

は

```
for cell in row:
```

の中の処理であることがわかります。

　次に14行目から16行目のコードで、同様の記述によりB1:B10の範囲に入力されている値を1行ずつ加えていき、合計を変数sum_bに集計します。

　そして最後にprint関数でsum_aとsum_bの値を出力します（18行目、19行目）。

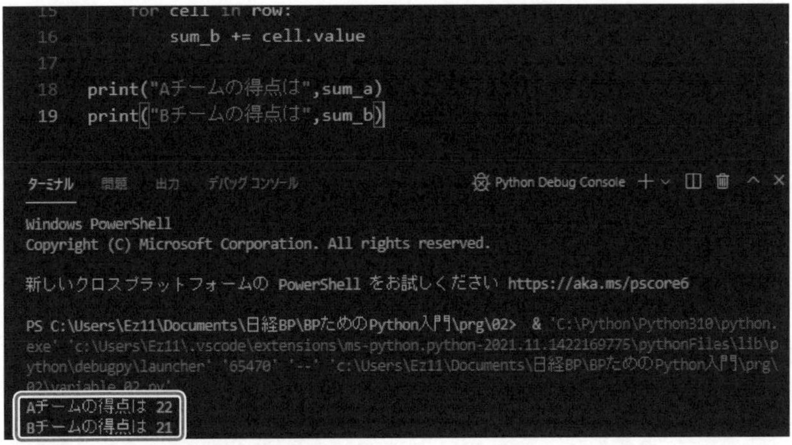

図2-18　variable_02.pyの実行結果

これが変数を使った基本的な集計処理です。

Excelで集計するときは、集計範囲をsum関数の引数に指定すれば計算してくれますが、Pythonプログラムで集計するときは集計範囲に入力されている値を一つずつ集計用の変数に加算していくという計算をします。ExcelのSUM関数も内部的には指定された範囲の値を一つずつ加算しているのかもしれません。残念ながら、Excelはオープンソースではないのでプログラムコードは公開されていいため、あくまで推測ですけどね。

値の種類を分類したのがデータ型

変数には値を代入する。このことはここまでで何度も説明してきました。プログラムで扱う値については、大事なポイントがあります。それは、プログラムで扱うデータには型があるということです。これをデータ型といいます。

データ型とは値の種類のことです。ほとんどのプログラミング言語は、それぞれが値を独自の種類に分けています。大まかには共通しているのですが、細かく見ると各言語ごとに独自の分類をしています。ここでは、Pythonの基本データ型について説明します。Pythonでは、基本的なデータ型には4種類があります。

表2-6　Pythonの基本データ型とデータの例

整数（int）型	-145、-12、0、156、17800
浮動小数点数（float）型	-12.567、9.543
真偽値（bool）型	True（真）、False（偽）
文字列（str）型	'Hello'、"See you"、'あ'、"こんにちは"

すでに一度触れたように、数値には小数点以下の値を持つ浮動小数点数型（float）と、小数点以下の値を持たない整数（int）型があります。

他の言語、たとえばよく利用されているプログラミング言語の一つであるC言語の場合、整数型だけでも、int、short、longの3種類があります。浮動小数点数型にはfloatとdoubleの2種類があります。これらの型の違いは代入できる値の大きさ（範囲）、桁数です。しかし、Pythonでは整数はint、浮動小数点数はfloatとそれぞれ1種類ずつとシンプルです。

数値型のほかには、文字列（str）型や、True、Falseのbool（ブール）を持つ真偽値（bool）型があります。

文字列型はその名の通り文字列を扱うデータ型で、列でなくても、つまり1文字であっても文字列型になります。

真偽値型はTrue、Falseの2値しか持たないデータ型ですが、プログラムは判断の連続ですから、よく使うデータ型と言えます。

Pythonでは変数のデータ型は動的に決まります。どういうことかというと、変数に値を代入したときに、その値の種類によって変数のデータ型が決まるのです。これを動的型付けといいます。一方、C言語などでは静的型付けをします。その場合は変数を宣言するときに、

```
int a;
```

といった記述で、変数aはint型であると示す必要があります。

Pythonに話を戻しましょう。「データ型は動的に決まる」とはどういうことか、再びターミナルでPythonを起動して、試してみましょう。Pythonではtype関数でデータ型を知ることができます。次のようにコード入力していきましょう。

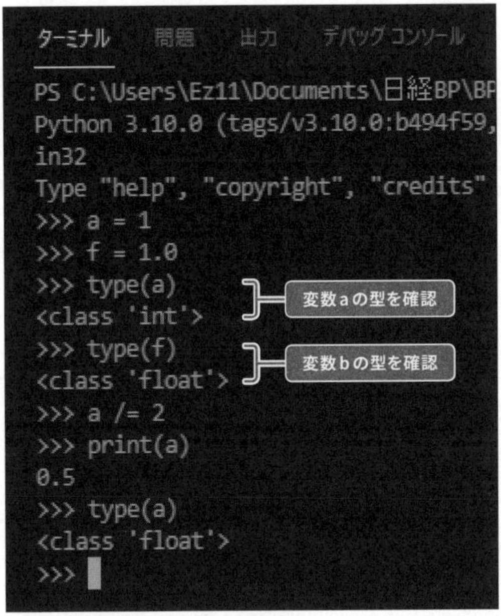

図2-19　変数のデータ型を確認する

　最初の入力で変数aに1を代入し、次に変数fに1.0を代入しています。type関数は引数に指定した変数の型（クラス）を返すので、aはint（整数）型、fはfloat（浮動小数点数）型になります。代入する値によって動的(ダイナミック)に型が決められたわけです。

　次に

```
a /= 2
```

と入力して、aの値1を2で割っています。この演算でaの値は0.5になるので、変数aはfloat型に動的に変化しているはずです。これをtype関数で確かめてみたところ、やはりfloat型になっていました。図2-19ではここまで確認しています。

　次に、文字列型とブール型を見ていきましょう。

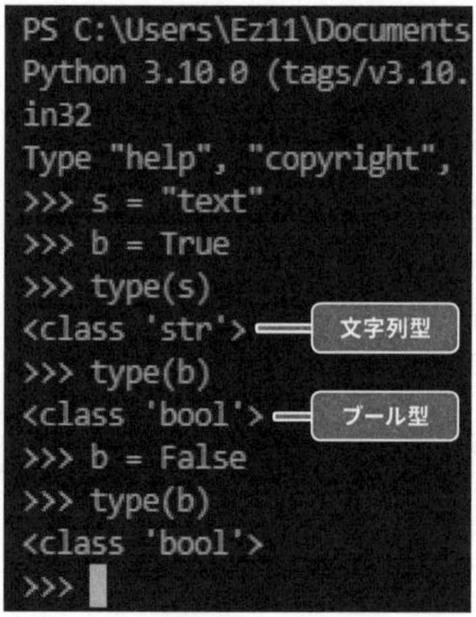

図2-20　**文字列型の変数とブール型の変数**

文字列はシングルクォートかダブルクォートで囲みます。"text"を代入したsはstr（文字列）型です。変数bにはTrueを代入しています。このTrueはクォートで囲っていないので、Trueという文字列ではなくTrueという値です。このため変数bはbool（真偽値）型になりました。ブール型にはTrueとFalseしか入りません。

ブール型のbにダブルクォートで囲んだ"True"を代入すると、文字列型に変わります。

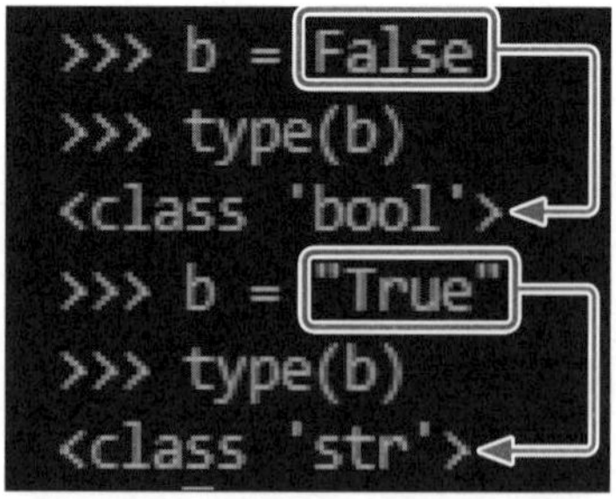

図2-21　**"True"を代入すると文字列型になる**

これが動的型付けです。

センガクのちょっと込み入った話

Python3のint型はあふれない

Python3のint型は桁あふれしないんです。といっても、その前に「桁あふれ」とは何かから説明しないといけないですね。

他の言語、たとえばC言語のように、整数型といってもその中にint、short、longと複数のデータ型がある言語では、それぞれの型に記憶できる最大値が決まっています。何で最大値が決まるかというと、それぞれの型が値を管理するために何バイト（byte）を使うかが決められているということなんですが、さくらクンの頭が痛くなったら困るのでbyteの話はここではしません。その代わりに、ここではその最大値を超える値を代入すると桁あふれを起こすという説明をします。

Excelユーザーになじみのある Excel VBAでも、整数を記憶するデータ型としてInteger型やLong型が決められています。VBAの場合、Integer型の最大値は32767です。ここで実際にExcel VBAのプログラムで桁あふれを発生させてみましょう。プログラム自体がわかる必要はありません。桁あふれを起こすというのがどういうことなのかに注目してください。

コード2-3　桁あふれを起こすVBAプログラム

```
Sub Test()
  Dim intA As Integer
  intA = 32767

  Debug.Print intA
  intA = intA + 1

End Sub
```

このプログラムでは変数intAをInteger型で宣言して、Integer型の最大値32767を初期値として代入し、Debug.Printで出力します。その後、

```
intA = intA + 1
```

でintAに1を加算するようにプログラミングしました。このプログラムを実行すると、この加算する処理のところでIntefer型の最大値を超えるため、オーバーフロー（桁あふれ）します。

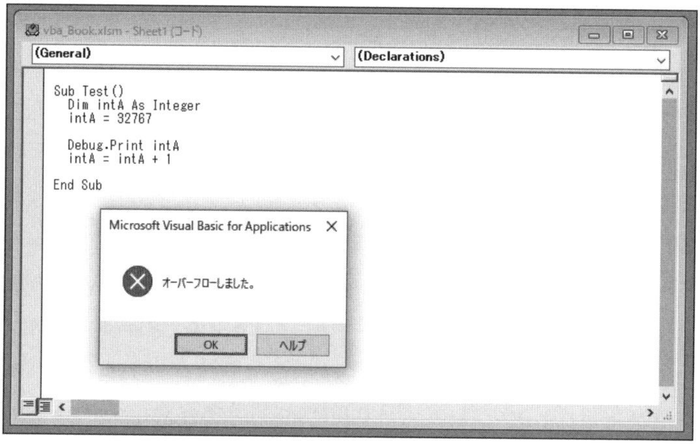

図2-22　VBAのプログラムで桁あふれを起こしたところ

なぜオーバーフローするかというと、Excel VBAではInteger（整数）型の値の範囲は-32,768～32,767と決まっているからです。その最大値より大きな（もしくは最小値より小さな）整数値を変数で扱いたい場合はLong（長整数）型を使わないといけません。Longは-2,147,483,648～2,147,483,647の範囲の値を扱えます。

これに対し、Pythonは桁あふれしません。

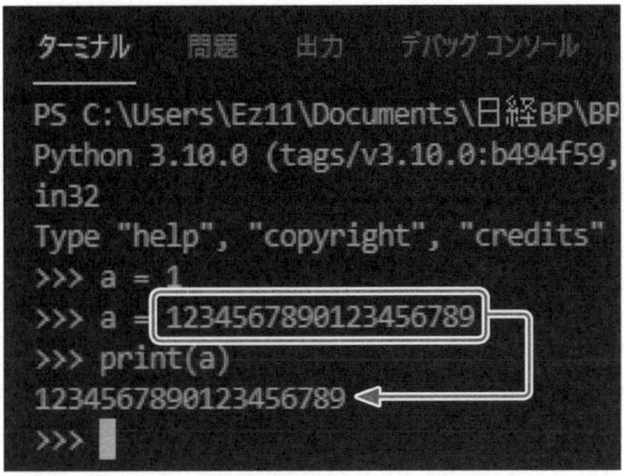

図2-23　Pythonの整数は桁あふれしない

ここでは変数aに大きな値を代入してみましたが、エラーは発生しません。Pythonの整数は多倍長整数といいます。多倍長整数は固定長（決まった長さ）の整数を必要な桁数に応じて組み合わせることで実現されています。VBAのInteger型が配列になっているイメージです。おっと、いけない配列はまだ説明してませんでした。でも、大きな値を扱うのに制限はないため、VBAで見たようなエラーにはならないことはわかっていただけたのではないでしょうか。

勘違いしないでいただきたいのは、桁あふれしないPythonが優秀な言語で、桁あふれするC言語やVBAがダメな言語というわけではない点です。間違いなく言えるのは、桁あふれするように作られている言語は、メモリーを無駄なく使うこと、つまり限られたメモリー容量を有効に使うことを優先したプログラミング言語であることです。ただし、桁あふれする言語をプログラミングするときには、常に変数に入れられる最大値を意識して、変数を宣言するときに桁あふれしないデータ型を選択しないといけません。かといって、桁あふれを避けるには大きな型にしておけば安全とばかりに、小さい値しか入らないとわかっているのに大きな型の変数にしてしまうとメモリーを無駄遣いすることになります。

今日のふりかえり

夕刻、新入社員・川岸さくらの緊張の2日目も暮れようとしています。

麻美　「さくらちゃん、今日の研修はどうだった？ 何かわからないことある？」

さくら　「変数というものについてようやくわかったような気がします。でも、センガク室長にたくさんお話していただいたので、何か頭の中があふれちゃって……。ダメですね」

麻美　「センガクはしゃべり出したら止まらないからね。大丈夫、大事なところだけをまとめておけばいいから」

さくら　「はい。こんな感じでしょうか」

- プログラムの実行中に覚えておきたい値は変数に記録する
- 変数名は英語小文字でアンダースコア（アンダーバー）も使って、わかりやすく付ける
- 演算子を使って計算や比較をする
- 1行のコメント、行の途中に書くコメントは#で始める
- トリプルクォート文字列を使うと複数行のコメントも書ける
- 定数は大文字で書く
- Pythonではインデントは文法である
- 変数には型がある

センガクのちょっと込み入った話

すべて変数はオブジェクト

すいませーん。わたし嘘をついていました。ここまで、変数は値を入れる器のようなイメージで説明してきました。

```
a = 1000
```

としたときに変数aという箱に直接、1000という値を入れるような説明でした。最初に変数を理解するときはこのイメージでよいのですが、正確に言うとこれは正しい説明ではありません。

aに1000を代入したときに、コンピューターのメモリー上で何が起きているのかリアルな動作についての話をしましょう。

前述の通り、Pythonでは変数に値が入るわけではありません。Pythonの変数はデータ型に関係なくすべてがオブジェクトです。オブジェクトというのは、Pythonのようなオブジェクト指向プログラミングで重要な概念です。まだ、オブジェクト指向については説明してないので、オブジェクトは値を含むひとつのモノ、データのかたまりみたいにとらえてください。

```
a = 1000
```

とすると、メモリーのどこかに整数1000のオブジェクトが記憶されます。そして変数aには、このオブジェクトを参照するための識別値が入ります。

ここが初めてプログラミングを勉強する人にとって、とてもわかりにくい部分です。プログラミング言語によっても違いがあるからです。C言語では整数型は変数に直接、値が入ります。一方で文字列型はPythonと同様の仕組みで参照先のメモリー上のアドレスが変数に入ります。でも、Pythonではとにかくどんな変数でも値そのものではなく、オブジェクトを参照するための識別値が入ります。

Pythonでは、id関数を使って識別値を知ることができます。次のプログラム（これはサンプルプログラムとして公開しているvariable_03.pyです）の実行結果を見ると、どの変数も識別値を持っていることがわかります。

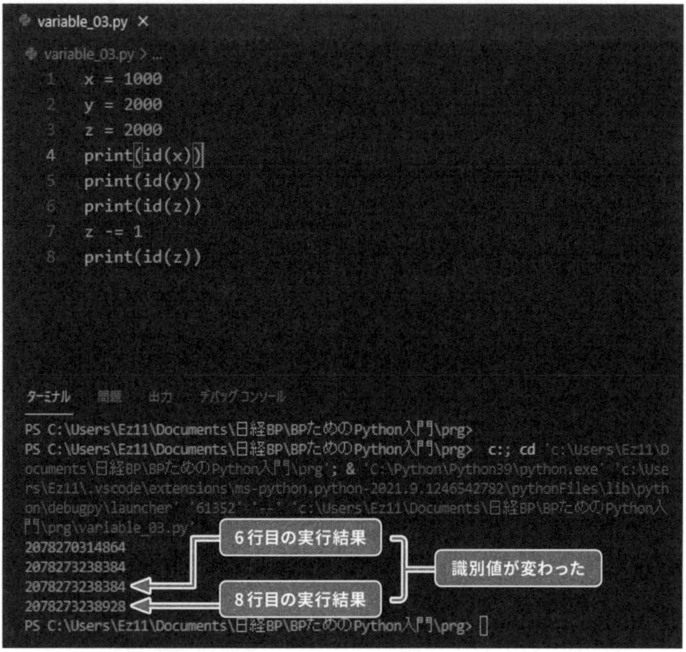

図2-24　id関数を使って識別値を出力

ターミナルに出力されているのが、id関数が返す各変数のid（識別値）です。順に見ていきましょう。変数xに1000を入れて、print(id(x))で識別値を出力していますね。出力結果は2078270314864です。次のyとzに注目してください。yとzには同じ値2000を入れています。この時点でy、z両方のidを出力すると、2078273238384という同じ値が返ってきます。ただし、idはプログラムを実行するたびに変わるので、いつもこの図と同じとは限りません。

```
y = 2000
```

を実行した時点で、メモリーのどこかに整数の2000のオブジェクトが記憶されます。変数yには、この整数2000のオブジェクトの識別値が与えられます。

これより後の行で

```
z = 2000
```

として、別の変数に2000を代入したところ、すでに2000というオブジェクトはすでにメモリーのどこかに存在しています。するとPythonは新たにオブジェクトをメモリー上に作ることはなく、変数zにはyと同じidを与えます。これにより、変数yと変数は、同じ値を見にいくことになります。

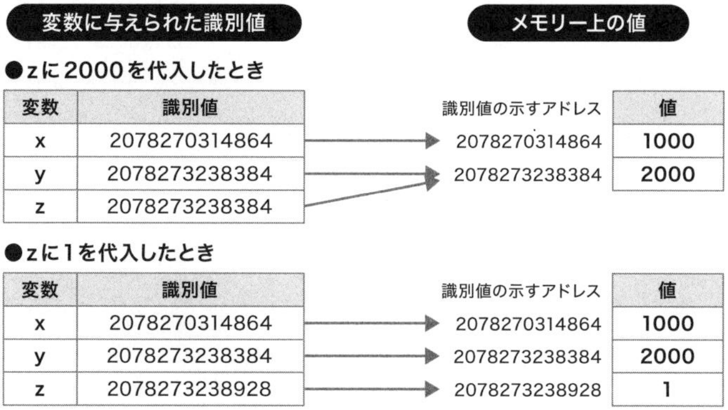

図2-25　変数と識別値と値の例

次に、

```
z -= 1
```

とした時点で、1999という値を持つ新たなオブジェクトがメモリー上に作成されます。この時点でzはyとは異なるオブジェクトの識別値を持つわけです。このようにid関数の結果を見ると、変数が値を持っているわけではないことがわかります。値はどこか別のところ、メモリー上のあるアドレスにあるわけですね。

研修3日目

オブジェクト指向プログラミングは難しくない

センガク　「さくらクン、今日はオブジェクト指向プログラミングについて、僕が説明するね」

さくら　「はい、お願いします」

麻美　「えっ、3日目でいきなりオブジェクト指向プログラミングって難しくないですか?! センガク室長！」

センガク　「Pythonは変数もすべてオブジェクトだから、最初からオブジェクト指向を意識しておいた方がいいんだよ」

麻美　「でも、わたしもオブジェクト指向プログラミングってまだ全然使いこなせる気がしないし、ちゃんとわかってる自信もないんだけど……」

センガク　「それはアレだろ。自分でクラス作って、インスタンス化するっていうオブジェクトだろ。自分でクラスなんて無理して作らなくていいんだよ」

麻美　「クラスを作らなくていい？ でも、それじゃあ、オブジェクト指向プログラミングとは言えないんじゃないですか？」

センガク　「クラスを作らなくていいんじゃなくて、作ったほうがいいなあと思えるまで、無理して作らなくてもいいって意味さ。クラスを作らなきゃオブジェクト指向プログラミングじゃないって言うのなら、なおさらオブジェクト指向だけでも先に理解しておいた方がいいと思うんだ。だってこれから自分でもどんどんプログラミングしていこうというのに、文字列にはメソッドがあるとか、そもそも今使おうとしているのが、オブジェクトのメソッドなのか、それとも単なる関数なのか、そのあたりをはっきりさせないまま漫然と使うのはどうかと思うよ。できるだけ早い段階でオブジェクト指向についてわかっておいた方がいいじゃん。後々プログラミングが圧倒的に楽になると思うよ！」

麻美　「センガク、そんなに熱くならなくても……」

センガク　「だって、プログラムから考えると、Excelのブックだってシートだってセルだってみんなオブジェクトなんだぜ。セルがプロパティとして値を持っていて、シートがメソッドを持っているから、シート上で何ができるかすぐわかるんだ。」

さくら　「えっと、あの、お二人のお話が全然わからないのですが、大丈夫でしょうか？」

センガク　「おー、ごめん、ごめん。では始めようか」

Pythonはオブジェクト指向プログラミング言語です。というか現在使われているプログラミング言語はほとんどがオブジェクト指向言語です。オブジェクト指向ではない言語の中で最も有名なのはC言語です。でも、C言語を拡張してオブジェクト指向性を持たせたC++があるので、C言語の延長線上にはオブジェクト指向言語もあります。Excel VBAもオブジェクト指向言語です。

オブジェクト指向言語とは

オブジェクト指向言語がどのようなプログラミング言語なのかをひと言で表すと「データの集まりとそれらに対する手続き群を一つのかたまり（オブジェクト）にして、プログラムの基本単位として扱うことができる言語」です。これではちょっと難しいですね。

具体的にオブジェクトがプログラムおよびプログラミングの中で、どのように位置付けられ、どのように取り扱われるのかを見てみましょう。その方がわかりやすいかもしれません。

まずオブジェクト指向に特有の用語であるクラス、インスタンス、オブジェクトについて説明します。

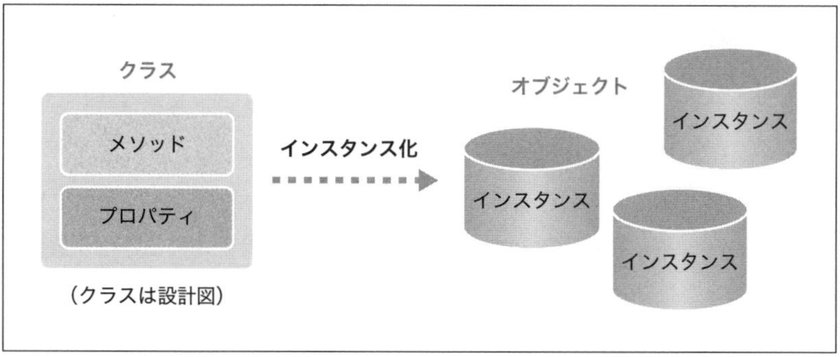

図3-1　クラス（設計図）から実体を持つインスタンスに生成したのがオブジェクト

この三つの用語の関係でいうと「クラスをインスタンス化（実体化）して生成したものがオブジェクト」と言います。生成されたオブジェクトをインスタンスということもあります。

このうちクラスはオブジェクトの設計図にあたります。その設計図には何が書かれているかというと、まずオブジェクトのプロパティ（属性）です。これで、そのオブジェクトがどんなデータを持つかが決まります。次がオブジェクトのメソッド（動作）です。これは、そのオブジェクトに対してどういう処理ができるかです。どういう手順でどういう処理をするかが決められているので、メソッドのことを手続きというのが一般的です。

プログラムでクラスを定義できるようになっており、そうしたクラスからインスタンス化したオブジェクトをプログラム中で自由に使えるようになっている言語がオブジェクト指向言語です。

オブジェクト指向プログラミング以前にはどうだったか、ここで少しお話ししましょう。オブジェクト指向でないプログラミング言語ではデータとそのデータを扱う操作には直接の関係はありません。データは値、もしくは値の集まりとしてプログラム上に存在し、関数などを使って操作します。データと操作の間に隔たりがあるのです。どんな関数を使ってどう操作するかはすべてプログラマーに任されているので、同じようなデータに対して、人によって全然違う方法で操作するプログラムを作ることもありえるわけです。そのせいで、チームで開発するような場合は混乱するのです。

オブジェクト指向なら、プロパティであるデータに対する操作もメソッドとして準備しておくことができます。このため、異なる人がそれぞれ分担してプログラムを開発するようなときに、わかりやすいプログラミングが実現できるわけです。不幸にもセキュリティ上の問題が見つかったといった場合でも、コーディングした本人がつかまらなくても、チームのメンバーが素早く改修するといったことが以前に比べて格段に容易になりました。

ですが、自分でクラスを定義するのはとても難しいのです。何をクラスにするのがよいのか、どこまでクラスにするのが正しいのか、考え始めるとわからなくなってしまうことがよくあります。これが「オブジェクト指向プログラミングは難しい」と言われる理由です。

たとえば、「鉛筆が短くなったら買いに出かける」をプログラムで表現するときは、鉛筆をクラスにするのか、財布もクラスにするのか自分で考えなくてはいけません。

ビジネスパーソンにとって現実的なシーンで考えてみましょうか。「鉛筆が短かくなったら」は在庫管理と考えられます。在庫をクラスとして定義すると、プロパティとして持つべきは商品コードと在庫数と、単価も必要かと考えなくてはいけません。どんなメソッドを持たせるかはもっと難しいでしょう。商品を販売したときに在庫を減らすメソッド、仕入れたときに増やすメソッドを持たせることがまず考えられます。発注点といったプロパティを追加すれば、在庫数が発注点を切ったときに、該当商品を発注するメソッドも作れそうです。このように、どうクラスを設計するかと考え出すとキリがない面もあります。

プログラミング入門者に対して「自分でいろいろクラスを作ってみればわかるよ」と言う人もいますが、そのように自己流の理解を薦めるのは酷だと思っています。また、クラス設計はどうあるべきかといった理論的なところについては、もっとプログラミングに慣れてからでないと理解しづらいと思います。

ですから、本章ではPythonでクラスを定義し、オブジェクトを生成する方法についてはサラッと説明するにとどめます。本章で力を入れるのは、すでに用意されているクラスやオブジェクトを使う方法です。それにより、まずはオブジェクト指向プログラミングに慣れてください。まず大事なのは、自分がこれから使おうとしているのは関数なのかオブジェクトのメソッドなのかわかるようになることです。

関数とメソッドの違い

関数はこれまでにもいくつか使ってきました。print関数は引数を受け取り、出力する関数です。ターミナルにプログラムの処理結果や途中の値を出力しましたね。type関数は引数に受け取った変数のデータ型を返す関数でした。これらの関数は組み込み関数と呼ばれ、Pythonプログラミング言語に最初から準備されている関数です。

```
a += 2
b += 2
print(a,b)
```

図3-2　print関数の使用例

組み込み関数は

```
print(a,b)
```

のようにプログラムの中で宣言も定義もなしにいきなり使えます。今の時点では、関数のことはこのように覚えておいてください[*1]。これに対しオブジェクトのメソッドはオブジェクトがないと使えないという話をこれからします。

type関数を使った場合を考えてみます。

```
>>> a = 1
>>> type(a)
<class 'int'>
>>> str1 = "Python"
>>> type(str1)
<class 'str'>
>>>
```

図3-3　type関数と、type関数が返す値

type関数ではデータ型を取得すると説明しましたが、この図のコードでは、

＊1　関数については第6章で詳しく説明しますが、関数にはあらかじめ用意されている組み込み関数とは別に、ユーザー定義関数というのもあります。ユーザー定義関数は、関数をプログラム内で使う前に、宣言もしくは定義することが必要です。ここでは標準で利用できる組み込み関数について説明します。

```
type(a)
```

には

```
<class 'int'>
```

を返しています。

```
type(str1)
```

に対しては

```
<class 'str'>
```

を返しています。どちらもclass（クラス）を返してしますね。クラスということは……。

整数型にもメソッドがある

実はPythonでは基本データ型もオブジェクトなのです。正しくは、整数型はintクラスのオブジェクトであり、文字列型はstrクラスのオブジェクトです。オブジェクトなので、整数型も文字列型も手続き（メソッド）を持ちます。それぞれのメソッドの例を見てみましょう。

```
>>> a = 1
>>> a.bit_length()
1
>>> a = 2
>>> a.bit_length()
2
>>> a = 3
>>> a.bit_length()
2
>>> a = 4
>>> a.bit_length()
3
>>> a = 5
>>> a.bit_length()
3
>>> a = 6
>>> a.bit_length()
3
```

図3-4
整数型（intクラス）の bit_lengthメソッド

整数型（intクラス）には、bit_length()というメソッドがあります。このメソッドは整数を二進数で表現するには何ビット（bit）必要か教えてくれます。数百GB（ギガバイト）や数TB（テラバイト）のハードディスクをはじめとする補助記憶装置が安価で購入できるようになっても、コンピュータが扱う情報の最小単位がビットであることに変わりありません。1ビットで0と1の2値を表現できます。ビットを8つ集めると1バイト（byte）になります。

さて、図3-3では最初の入力で

```
a = 1
```

と変数aに1を代入し、次に

```
a.bit_length()
```

というコードで、intクラスのオブジェクトのbit_length()メソッドを実行しました。このように、オブジェクトのメソッドの実行は**オブジェクト.メソッド名()**の形式になります。

図3-1の場合、オブジェクトであるaの値が1ならば、bit_length()メソッドからは1が返ってきています。aの値を2にすると2が返ってきます。3にしてもbit_length()メソッドは2を返します。aを4にすると3ビットです。

センガクのちょっと込み入った話

十進数と二進数を迷わずに行ったり来たりするには？

図3-4を見ながら、なぜaの値に応じて、bit_length()メソッドの返り値がそれぞれ変わってくるのかについて、もう少し突っ込んで説明しておきましょう。プログラマーにとって昔も今もビットの理解は重要なためです。bit_lenth()メソッドの返り値が図3-4のようになっているのは、私たちが通常取り扱う十進数の整数は、二進数ではどのように表現できるかで決まります。二進数での数の表現はビットパターンを見ればわかります。

十進数	二進数			
整数	8	4	2	1
0				0
1				1
2			1	0
3			1	1
4		1	0	0
5		1	0	1
6		1	1	0
7		1	1	1
8	1	0	0	0

ビットの重み

図3-5　整数0から8までのビットパターン

十進数を二進数で表す際には、各ビットに重みを付けて考えます。1ビットだと0もしくは1を表現できます。2ビットだと10が2で11が3になります。4から7までは3ビットで表現できます。8から15までは4ビット必要になります。

ビット数を増やしていくと表現できる数が増えていきます。ビット数がいくつであっても、nビットで表現できる整数は2のn乗個です。3ビットの場合は、2×2×2で8ですね。これで0から7までの8種類の値を表現できるわけです。1バイトだと、2の8乗で256種類の値（0～255）を表現できます。プログラミングをやっていると、二進数で数を考えなければならない場面が出てきます。そのときは、ビットの重みを考えて、ビット数と表現できる数の範囲を考えるといいでしょう。

文字列型オブジェクトが持つメソッド

整数型の変数はintクラスのオブジェクトなので、bit_length()などのメソッドを持っていました。データ型には文字列型もありましたね。文字列型の変数もオブジェクトです。クラスはstrです。このため文字列型の変数はstrクラスのメソッドを持ちます。文字列型には整数型より多くのメソッドがあります。文字列型のメソッドを具体的に見てみましょう。

コード3-1　strクラスのメソッドの例

object_02.py

```
01  #strクラスのメソッド
02  str_01 = "hello python"
03
04  print(str_01.capitalize())
05  print(str_01.find("p"))
06  print(str_01.split(" "))
```

"hello python"を代入したstr_01（1行目）では、strクラスのメソッドが使えます。

続いてcapitalize()、find()、split()と3種類のメソッドを実行して、print関数でそれぞれの結果を出力しています。

capitalize()は先頭の1文字を大文字にします。find()は引数の指定した文字の出現位置を返します。「hello python」という文字列でpは7文字目にありますが、Pythonでは原則として位置は0から数えます。つまり1文字目のhの文字位置は0です。pは7文字目なので、文字位置は6。このため

```
str_01.find(“p”)
```

を実行すると6が返ってきます。

次のsplit()メソッドは引数に指定された文字で、文字列を分割してリストにして返します。リストはまだ説明していませんでしたね。ここでいう「リストにして返す」とは、文字列を引数の文字を区切りにバラバラにして返すと理解してください。コード3-1では、

```
str_01.split(“ “)
```

と、スペースで分割するようにしました。このメソッドを実行することにより「hello python」というひと連なりの文字列は「hello」と「python」に分けられ、二つの文字列として返ってきます。

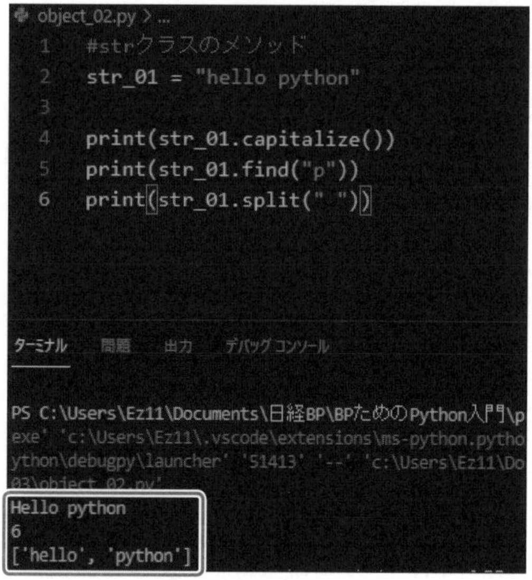

図3-6　**object_02.pyを実行したところ**

これ以外にも文字列型にはいろいろなメソッドがあります。

VS Codeは簡単にクラスのメソッドを知ることができます。本書の手順通りに開発環境をインストールした場合は、変数名の後にドット（.）を入力すると、そのクラスのメソッドを始めとする情報が表示されます。コード3-1をVS Codeに入力する際、

```
str_01.
```

まで入力すると、str_01オブジェクトで利用可能なメソッドが一覧表示されます。

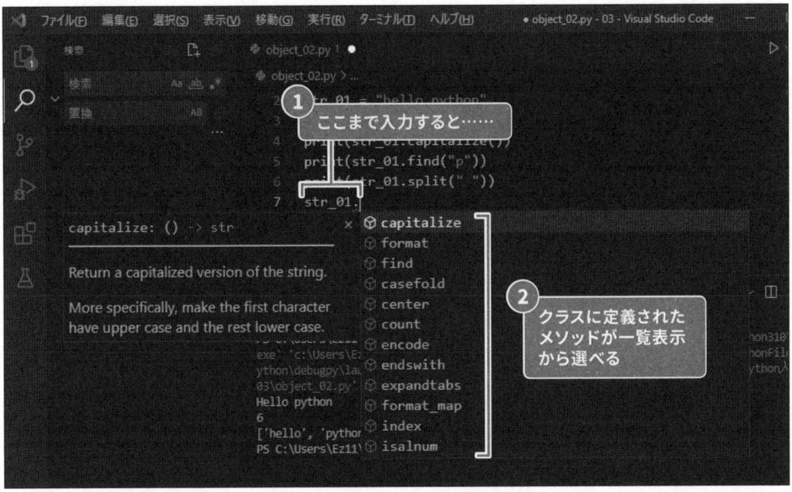

図 3-7　strクラスにあるメソッドが一覧表示されたところ

麻美のオススメ

基本情報技術者試験対策もPythonで

諸君！ なんて、上から目線で言っちゃったけど、新入社員のみなさんの中には、今年中に基本情報技術者試験を受けようと思っている人もいるんじゃないかな。

ここまでで出てきたビットの知識は午前の問題に必要だし、午後の問題ではプログラミング言語にPythonも選べるから、試験対策といえども参考書を読んで勉強しているだけより、実際にPythonでプログラムを作りながら勉強したほうがいいわ。眠くならないしね。って、わたしもまだ資格持ってないんだけど。

実際のプログラムで使われているオブジェクト

ここまでのオブジェクト指向の説明が頭に入ったら、次にもう少し現実的なサンプルプログラムでオブジェクト、メソッド、プロパティについて説明します。リアルな使い方を見ることで、理解を深めていただければと思います。

ここでは、openpyxlライブラリを使ってExcelブックを操作するプログラムを見ていきましょう。

コード3-2

copy_sheet_01.py

```
from openpyxl import load_workbook


wb = load_workbook(r"点取り表.xlsx")

ws_orig = wb.active
ws_copy = wb.copy_worksheet(ws_orig)
ws_copy.title = ws_orig.title + "のコピー"
ws_copy.cell(row=3,column=2).value = 3

wb.save(r"点取り表_new.xlsx")
```

copy_sheet_01.pyは、

- Excelブック内でシートをコピーし
- コピー先のシート名を「(コピー元のシート名)のコピー」として
- コピー先のシートの3行目(row=3)、2列目(column=2)のセル、つまりセルB3の値を3に変更して
- 新しいExcelブックに「点取り表_new.xlsx」と別名を付けて保存する

プログラムです。

プログラムを実行後、点取り表_new.xlsxを開くと、「点取り表のコピー」という名前のシートが作成されており、B3セルの値が元の点取り表シートと違い3点になっているのでBチームが勝っていることがわかります。

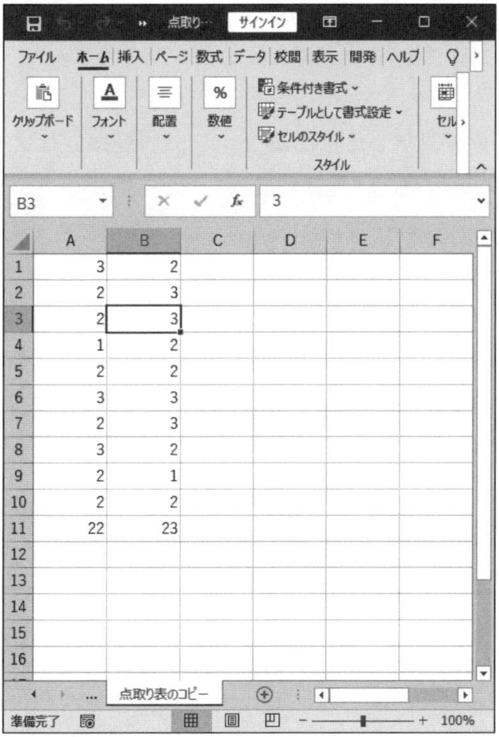

図3-8　**copy_sheet_01.pyを実行することにより作成された点取り表_new.xlsx**

さて、このプログラムの中のどれがメソッドの呼び出しで、どれがプロパティへのアクセスでしょうか？

コード3-2を最初から順に見ていきましょう。

1行目でopenpyxlライブラリからインポートしたload_workbook()は関数です。3行目のload_workbook関数にはExcelブックである点取り表.xlsxを引数に指定しています。このload_workbook関数は、ワークブックオブジェクトを返しますので、変数wbはオブジェクトです。

6行目の右辺に記述した

```
wb.active
```

のactiveはオブジェクトのプロパティ（property）です。wb.activeはその時点でアクティブなシートを返します。点取り表.xlsxにあるシートは「点取り表」1枚だけなので、ブックを開いた時点で自動的に「点取り表」がアクティブなシートになります。

その wb.active を代入した変数 ws_orig（6行目左辺）はワークシートオブジェクトです。7行目の右辺に記述した

```
copy_worksheet()
```

はワークブックオブジェクトのメソッドです。引数に指定されたワークシートのコピーをワークブック内に作成し、作成したワークシートオブジェクトを返します。つまり、7行目が実行された時点で、ワークブックオブジェクトにはコピーしたワークシートオブジェクトが追加されます。

8行目のws_copy.titleのtitileはプロパティで、ワークシートオブジェクトの名前です。この行で

```
08  ws_copy.title = ws_orig.title + "のコピー"
```

とすることにより、コピー先のワークシートオブジェクトのtitleプロパティを「点取り表のコピー」に書き換えています。この文字列は、コピー元のシートのタイトル「点取り表」に文字列「のコピー」を連結する処理の結果です。Pythonでは文字列同士を＋でつなぐことで連結できます。このことも合わせて覚えておくと便利です。

このプログラムを実行した結果、ブック「点取り表（.xlsx）」を開いてみると、次のようになります。

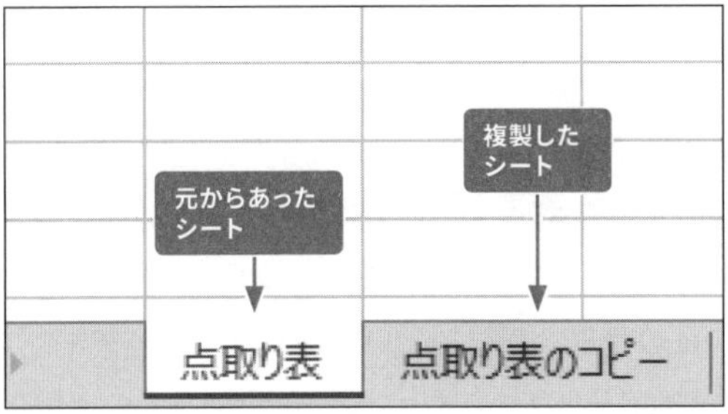

図3-9　複製したシートの名前（title）はプログラムで指定した「点取り表のコピー」に

続いて9行目を見てみましょう。右辺の

```
09  ws_copy.cell(row=3,column=2).value = 3
```

のvalueは値プロパティです。この記述で、ワークシートオブジェクトws_copyのセル（3行目、2列目）の値に3を代入しています。シートの3行目、2列目は、Excelのセル番地でいうとB3です。

11行目の

```
wb.save(r"点取り表_new.xlsx")
```

で使われているsave()は、ワークブックオブジェクトのメソッドです。ここまでの処理を加えてきたブックに「点取り表_new.xlsx」という別名を付けて保存しています。

オブジェクトとプロパティ、メソッドの関係

さて、整理しましょう。

ワークブックオブジェクトwbを返したload_workbook()は関数です。オブ

ジェクトのメソッドは一部を除き[*2]、オブジェクトを生成しないと呼び出すことができません。ここではload_workbook()はオブジェクトを生成することなしに実行しているので、関数です。

アクティブなシートを取得するために使ったwb.activeのactiveはプロパティです。オブジェクトのプロパティとメソッドの見分け方は単純です。obj.xxxxx[*3]とxxxxxの後に()が付いていなければプロパティです。obj.xxxxx()と()が付いていれば、メソッドです。

メソッドは手続きなので引数を受け取れますが、プロパティはデータなので、引数を受け付けません。メソッドが引数を受け取っている例が7行目の

```
ws_copy = wb.copy_worksheet(ws_orig)
```

で、この記述でワークブックオブジェクトwbのcopy_worksheetメソッドにワークシートオブジェクトws_origを渡して、コピー後のワークシートオブジェクトws_copyを取得しています。

ワークシートオブジェクトws_copyのcellオブジェクトにはフォントやスタイルや罫線や幅など様々なプロパティがあります。その中で最も大事なのがvalueプロパティです。コード3-2でいえば、9行目にvalueプロパティが出てきましたね。

クラスを定義する

さて、本章の冒頭で「自分でクラスを作るのは難しいでしょう」と言いましたが、ここまで読み進めてきた皆さんには、どのように自分でクラスを定義して、オブジェクトを生成するのか、その方法もご紹介したいと思います。

まずは、プログラムの中でのクラスの書き方を見てください。

＊2　一部を除きの「一部」はスタティック・メソッド（静的メソッド）と呼ばれるメソッドですが、スタティック・メソッドを考慮すると話が複雑になるので、現時点ではこれを“例外”と考え、気にしないようにしてください。

＊3　objは任意のオブジェクトと理解してください。ここまでの説明では、wbに相当します。

```
class クラス名:
```

Pythonでのクラス定義はclassで書き始め、それに続けてクラス名を書きます。そして、コロン（:）で行を終わり、次の行からはインデントして、クラスの内容、つまりプロパティやメソッドを書いていきます。

Pythonでは何もしない空のクラスを定義することができます。コードがシンプルになるので、まずはこの空のクラスを定義し、プログラムの中でインスタンスを作ってみましょう。

コード3-3　中身のないクラスを作ったプログラム

class_01.py

```
01  class Stock:
02      pass
03
04  st_01 = Stock()
05  print(type(st_01))
```

このプログラムではStockという名前のクラスを定義しました。クラスの宣言では、クラス名の先頭だけを英字大文字にすることが推奨されています。このプログラムもそれに則ってStockというクラス名にしました。

クラスを定義した次の行から、プロパティやメソッドを定義します。ここではそこにpass文を書きました。pass文を書くと空のクラスになります。passと記述した部分のインデントがクラスの定義の中であることを示しています。クラス定義の中に何も書かないとエラーになるので、空のクラスを定義するときはpassと書きます。

4行目の

```
04  st_01 = Stock()
```

がクラスをインスタンス化するコードです。これによりStockクラスのオブジェクトが変数st_01に代入されます。次の

```
print(type(st_01))
```

というコードにより、type関数の引数にst_01を指定してst_01がどのような種類のデーなのかを調べ、その結果を出力しています。コード3-3を実行した結果を見てみましょう。

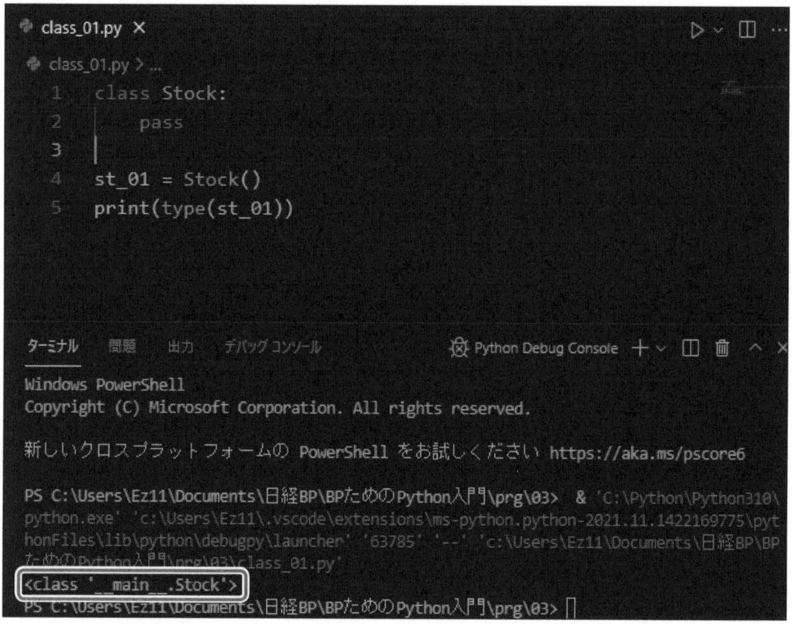

図3-10　**print(type(st_01))の出力結果**

　ターミナルを見てみると、

```
<class '__main__.Stock'>
```

と出力されました。__main__はmainモジュール、この場合はclass_01.pyを指します。この出力は、st_01がクラスで、具体的にはclass_01.pyにあるStockクラスであるということを示しています。

　これで、メソッドもプロパティも持たないクラスを作ることができました。次にこのクラスにメソッドを持たせましょう。

コード3-4　クラスでメソッドを定義する

class_02.py

```
class Stock:
    def __init__(self,name,price,quantity):
        self.name = name
        self.price = price
        self.quantity = quantity


st_01 = Stock("SP3701",12000,10)
amount = st_01.price * st_01.quantity
print(amount)

st_02 = Stock("SP4201",12500,7)
amount = st_02.price * st_02.quantity
print(amount)

st_03 = Stock("SP5001",23000,5)
amount = st_03.price * st_03.quantity
print(amount)
```

プロパティを初期化する__init__メソッド

このプログラムでは__init__というメソッドを追加しました。この__init__メソッドは特別なメソッドで、オブジェクトを生成するときに自動的に呼び出されます。ほかのプログラミング言語、たとえばJavaではコンストラクタと呼ばれるものと同じです。defはメソッドや関数を定義するときに使います。defineの略です。initはinitialize（初期化する）の意味ですから、基本的にオブジェクトを生成するときの初期化処理を__init__メソッドに書きます。

このプログラムを作るうえでの想定に触れておきましょう。そのほうが具体的な処理をイメージしやすいからです。

このプログラムは、メーカーや商社などの流通部門で商品管理に役立てようという目的で作ったプログラムです。Stockは商品の在庫を表すクラスとして定義しました。Stockクラスはプロパティ（データ属性）として、name（商品名＝型番）とprice（在庫価格）、quantity（在庫数量）を持ちます。__init__メソッドではオブジェクトの生成時に、これらを引数(self,name,price,quantity)として受け取ります。

最初に書いてあるselfはオブジェクト自身を指し、メソッドを定義するときは必ず最初の引数としてselfを指定します。この引数名はselfでなくても構わないのですが、Pythonでは習慣的にselfと書きます。実際にselfをthisに置き換えても問題なく動作しますが、selfを使いましょうね[*4]。

この__init__メソッドでは、引数として受け取ったnameを

```
03          self.name = name
```

とオブジェクト自身のnameに代入することでオブジェクトのプロパティに設定します。この記述の前にもインデントがありますね。メソッドの中であることをインデントが示します。

さて、クラスを利用するコードでは、8行目で

```
08  st_01 = Stock("SP3701",12000,10)
```

として、Stockクラスのオブジェクトst_01を作成し、在庫金額を求めるためにst_01.priceプロパティにst_01.quantityプロパティを掛けてamountを求め（9行目）、print関数で表示しています（10行目）。

以下、st_02とst_03でも、それぞれ別の商品の在庫金額を求める処理が続きます。このように__init__メソッドでオブジェクトを初期化して、プロパティ

＊4　慣習的にselfと書くことになっているところにあえて別の言葉（ここではthisなど）を書いてしまうと、他人がそのプログラムを読んだときに何か他の目的があるんじゃないかと混乱させてしまうかもしれないためです。

として値を持たせることができます。

プログラムを実行すると、各商品の在庫金額が出力されます。

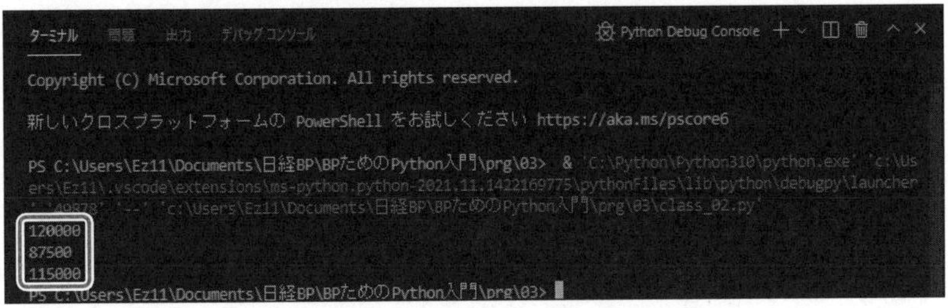

図3-11　コード3-4を実行して各商品の在庫金額を表示したところ

通常のメソッドを追加する

次に__init__メソッドのような前後に__が付く特殊なメソッドではなく、普通のメソッドをStockクラスに追加してみましょう。このプログラムでは、インスタンスを生成したあと、どのインスタンスでも価格×在庫量で在庫金額を求める計算を実行しています。この計算をメソッドとして定義しておけば、各商品の在庫金額を求めるためにそれぞれのオブジェクトに対していちいち

```
obj.price * obj.quantity
```

と計算するコードを書く手間を省くことができます。

コード3-4にメソッドを追加したプログラムを見てください。

コード3-5　在庫金額を計算するメソッドを追加したプログラム

class_03.py

```
class Stock:
    def __init__(self,name,price,quantity):
        self.name = name
```

```
04         self.price = price
05         self.quantity = quantity
06     def calc_amount(self):
07         return self.price * self.quantity
08
09
10 st_01 = Stock("SP3701",12000,10)
11 amount = st_01.calc_amount()
12 print(amount)
13
14 st_02 = Stock("SP4201",12500,7)
15 amount = st_02.calc_amount()
16 print(amount)
17
18 st_03 = Stock("SP5001",23000,5)
19 amount = st_03.calc_amount()
20 print(amount)
```

追加したのは、calc_amountという名前のメソッドです。calc_amountメソッドは、priceプロパティにquantityプロパティを掛けて在庫金額を求めます。この計算式を7行目のreturnに続けて記述することにより、その計算結果を返すことができます。calc_amountは引数を受け取るメソッドではない設計なのですが、メソッドを定義する記述では引数部分にselfを必ず書かなくてはいけません。

こうしてメソッドを定義することにより、st_01などのオブジェクトを作ったら

```
st_01.calc_amount()
```

のように記述することで、calc_amountメソッドを呼び出すことができます。

class_02.py（コード3-4）のように

```
st_01.price * st_01.quantity
```

として、そのつどいちいち計算するよりも

```
st_01.calc_amount()
```

と呼び出すほうがスマートな方法です。変数名を指定する必要がなく、記述がシンプルになるので、コーディングの際はうっかり入力ミスの防止にもなります。オブジェクトのプロパティを使った計算式を間違えていた、あるいは計算方法が変更になったというときに、定義したメソッドを変更すれば済むのと、プログラム全体をすみずみまで調べて該当する計算式すべてを書き換えるのでは、手間もエラーの危険性も大きく変わります。

今日のふりかえり

麻美 「さくらちゃん、今日は大変だったでしょ」

さくら 「はい、クラスの定義とか難しいですね。今日はセンガク室長さん、抑えめに教えてくださったみたいだけど、まだ何か秘密が隠されているような気がします」

麻美 「ホウ、女の勘ね！ さくらちゃん鋭いかも」

さくら 「でも、関数とオブジェクトのメソッドの見分け方、オブジェクトのプロパティとメソッドの違いはわかりました」

麻美 「ホウ……（意外とセンガクの教え方は悪くないのかもしれないわね）」

さくら 「さてっと、今日、わかったことまとめておこうっと」

- Pythonはオブジェクト指向プログラミング言語
- クラスをインスタンス化して、オブジェクトを生成する
- クラスにはプロパティ（属性）とメソッド（動作）がある
- Pythonでは基本データ型もオブジェクトだから、整数型にも文字列型にもメソッドがある

- 1バイト（8ビット）で、256種類（2の8乗）の値を表現できる
- オブジェクトのメソッドはオブジェクトを生成しないと呼び出すことができない（そうでないメソッドもあるみたいだけど……）
- オブジェクトを生成しないで、いきなりload_workbook（）とか書いてあるのは関数
- obj.xxxxxはプロパティ・アクセス、obj.xxxxx()と()が付いていればメソッド呼び出し
- クラス定義はclass クラス名:
- クラス名の1文字目は英字大文字にすること
- __init__はオブジェクトを生成するときに自動的に呼び出される特別なメソッド
- __init__にはオブジェクトの初期化処理を書く
- defでメソッドを定義する
- selfはオブジェクト自身のことで、引数部分の最初に必ずselfと書くこと
- クラスにメソッドを書くと、データに関する処理がスッキリするみたい

研修 4 日目

条件分岐と繰り返し処理を作る

麻美　「（ひそひそ声で）どうして品質管理室の刈田室長がうちの部屋でうろうろしているのよ、センガク？」

センガク　「何か相談しに来たらしいんだけど、どう話していいかわからないって、ああやって行ったり来たりしてるんだよ」

麻美　「上の空でうろうろされて、何か気になるわね」

センガク　「ゴミ箱でも前に置いたら、止まるかな。それっ」

麻美　「あら、よけた」

刈田　「センガク室長、やっと問題が整理できたよ。相談に乗ってくれ」

センガク　「いいですよ。寒くなるとファスナーの持ち手の金属が折れるんですか？」

刈田　「ああ、あのときは世話になったね。今度のはもっと難しいんだ……」

麻美　「そっちはセンガクにまかせてと。さて、さくらちゃん、今日教えたいのは、他でもない、アレなのよ」

さくら　「ポキポキ折れるファスナーのことですか」

麻美　「どうしてそんなこと知っているのよ。それは『Excel × Pythonデータ処理自由自在』のネタよ。そうじゃなくて繰り返しと分岐よ」

さくら　「繰り返しと分岐？　さっきの刈田さんの動きですか」

麻美　「そう、行ったり来たりしたり、ゴミ箱が足下にあるとよけたでしょう。あれが繰り返しと分岐」

さくら　「それがプログラムと関係あるんですか」

麻美　「大ありよ。プログラムを作るときに、やりたいことを上から順に全部書いていったら、やりたいことがたくさんあるときはいっぱい書かないといけないわね」

さくら　「そうですね。大変そうです」

麻美　「このExcelのシートを見て」

	A	B	C	D	E	F	G	H	I	J	K	L
1	伝票No	日付	得意先コード	得意先名	担当者コード	担当者名	明細No	商品コード	品名	数量	単価	金額
2	567035	2002/4/5	1	赤坂商事	1	椎間	1	1201A	背広	5	20000	100000
3	567035	2002/4/5	1	赤坂商事	1	椎間	2	1201B	背広	5	20000	100000
4	567035	2002/4/5	1	赤坂商事	1	椎間	3	1201C	背広	5	20000	100000
5	896071	2015/6/7	3	村田商会	1001	松川	1	Y1100001201	ワイシャツS	10	2980	29800
6	896071	2015/6/7	3	村田商会	1001	松川	2	Y1100001202	ワイシャツM	10	2980	29800
7	896071	2015/6/7	3	村田商会	1001	松川	3	Y1100001203	ワイシャツL	10	2980	29800
8	1010981	2019/10/1	1	赤坂商事	1001	松川	1	W1100001201	ドレスシャツS	30	2560	76800
9	1010981	2019/10/1	1	赤坂商事	1001	松川	2	W1100001202	ドレスシャツM	15	2560	38400
10	1010981	2019/10/1	1	赤坂商事	1001	松川	3	W1100001203	ドレスシャツL	10	2560	25600
11	1010982	2019/11/16	2	大手ホールデ	1001	松川	1	W1200001201	カジュアルシャッ	50	1890	94500
12	1010982	2019/11/16	2	大手ホールデ	1001	松川	2	W1200001202	カジュアルシャッ	30	1890	56700
13	1020765	2019/11/20	5	ライトオフ	2001	富井	1	M1000043001	ポロシャツS	100	2100	210000
14	1020765	2019/11/20	5	ライトオフ	2001	富井	2	M1000043002	ポロシャツM	120	2100	252000
15	1020765	2019/11/20	5	ライトオフ	2001	富井	3	M1000043003	ポロシャツL	150	2100	315000
16	1020765	2019/11/20	5	ライトオフ	2001	富井	4	M1000043004	ポロシャツLL	130	2100	273000
17	1020765	2019/11/20	5	ライトオフ	2001	富井	5	M1000043005	ポロシャツXL	100	2100	210000
18	1020766	2019/11/23	4	OSAKA BASE	2001	富井	1	M1000043001	ポロシャツS	100	2250	225000
19	1020766	2019/11/23	4	OSAKA BASE	2001	富井	2	M1000043002	ポロシャツM	120	2250	270000

図4-1　売上明細のワークシート（salesList.xlsx）

麻美「1行目は項目名が入力されているわね。2行目からはそのデータ、売上明細だから、何日に何をいくつ、いくらで販売したというデータが最後まで続いているシートなの」

さくら「同じようなデータがずっと続いているんですね」

麻美「2行目から最後の行までは同じ構造のデータだから、同じコードで処理できるってわかる？」

さくら「1行ずつ全部の行についてコードを書く必要はないってことですか？」

麻美「そう。そこで、繰り返しを使うのよ。各行について売上明細の金額から、それぞれの消費税額を求めるっていうのを、本日4日目のお題にしましょうか」

さくら「あっ、そうか。同じ計算を繰り返す、ですね。それが繰り返しか」

麻美「その次は分岐よ。消費税率が10%になったのはいつだっけ？　さくらちゃん」

さくら「2019年10月1日です」

麻美「答えが早いわね。覚えていたの？」

さくら「いえ、今スマホで検索しました」

麻美「素早い！　さすが若いわねぇ」

さくら「麻美さんだって、若いじゃないですか」

麻美「……うん、まあいいわ。2019年10月1日以降の売上明細の消費税は10%で計算すればいいけど、それより前のデータは8%で計算しないといけないじゃない。これが分岐よ」

さくら「なるほど。ということは2014年3月31日以前のデータがあったら、5%で計算しなくっちゃいけないですし、さらにその前は3%……。でもさすがに3%時代のデータはなさそうですね」

麻美「あら、古いことも知っているのね。もう忘れちゃったけど、消費税が今の半分だったころもあるのよねぇ」

さくら「倍になったと思ったらキツいですよね」

麻美「それに比べお給料はね……。ほんと、キツいわ。さて気を取り直して、プログラミングの勉強を始めましょうか」

本章では、プログラミングの基本の基本で、実際のプログラムで使わないことはないと言ってもいいほど頻繁に使うことになる、繰り返しと条件分岐について学びましょう。ここでは図4-1で示したExcelデータをもとに、条件分岐と繰り返しの基本と実際のデータでの使い方を見ていきます。

どちらを先にしてもいいのですが、さくらさんが時期によって消費税率が3パターンあることに気づいていました。そこで、まずは「時期によって消費税率を変える」という条件分岐を取り上げることにします。

場合分けして処理を変える条件分岐

Pythonではほとんどのプログラミング言語と同様にif文で条件分岐を作ります。条件分岐とはその字の通り、ある条件が成立するときは○○し、成立しないときは□□する、といったように処理が枝分かれしていくという意味です。

様々な条件をくみ合わせることにより、複雑な分岐も作ることができますが、まずは最もシンプルな例から条件により処理が分岐する様子を見ていきます。

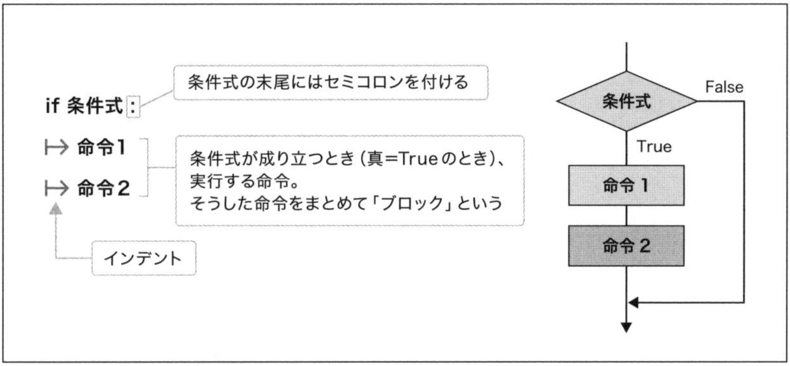

図4-2　「もし〜なら…する」というif文による条件分岐

この場合、もし条件式が成り立ったらそこに書いてある処理を実行する。成り立たなかったら何もせずに次の処理に進みます。

この条件分岐をプログラムの例を見てください。

コード4-1　最もシンプルな条件分岐のプログラム例

conditon_01.py

```
01  a = True
02
03  if a:
04      print("条件が成り立つ時の処理をします")
05      print("条件が成り立つ時の処理を終わります")
06
07  print("if文の外です")
```

1行目で変数aにTrueを代入したので、この時点でaのデータ型はブール型（真偽値型）になります。変数aがブール型になったことにより、条件を記述した3行目は、

```
03  if a:
```

とてもシンプルに条件式を記述できます。この書き方はif文としては最もシンプルな書き方です。条件式の後にはコロン（:）を付けます。aはTrueなので、この条件式は成り立ちます。そのときに実行する処理が、次の行からのコードです。

条件が成り立つときに実行するコードは1段階つまりスペース4個分インデントします。このプログラムでは2行のインデントされているprint関数を記述したコードがif文のブロックとなり、実行されます。

図4-3　aがTrueのときの実行結果

7行目のインデントされていないprint関数（）はif文のブロックの範囲外なので、if文のとは関係なく常に実行されます。

aにFalseを代入するとプログラムの動作がどう変わるかも確かめましょう。

コード4-2　condition_01.pyで変数aにFalseを代入したプログラム

conditon_02.py

```
01  a = False
02
03  if a:
04      print("条件が成り立つ時の処理をします")
05      print("条件が成り立つ時の処理を終わります")
06
07  print("if文の外です")
```

このプログラムを実行してみました。

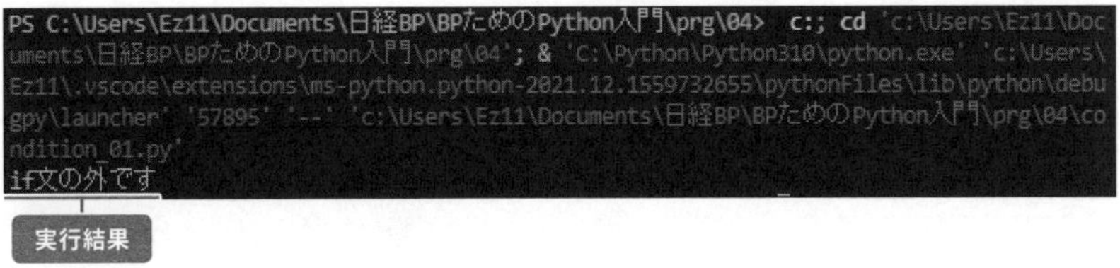

図 4-4　a が False のときの実行結果

今度は a の値が False なので、if 文の中が実行されず「if 文の外です」だけが出力されました。

「もし～なら…する。そうでなければ□□する」条件分岐

次は、条件が成立するときは○○し、成立しないときは□□するという if ～ else 文を使う条件分岐です。2 方向に枝分かれする分岐らしい構文です。

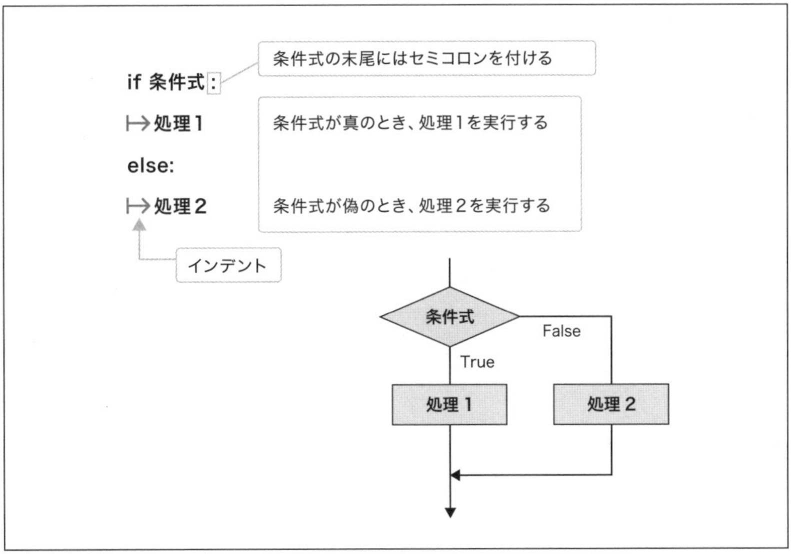

図 4-5　条件に合わない場合の処理も記述した条件分岐

このような条件分岐をプログラムにしたものを見てみましょう。

コード4-3　if〜else文を使ったプログラム

conditon_03.py

```
01  a = 8
02
03  if a > 10:
04      print("aは10より大きい")
05  else:
06      print("aは10以下")
```

3行目のif文に条件として記述したのは、比較演算子（>）を使った

```
a > 10
```

という式です。この式はTrueかFalseの値を返します。この例ではaの値は8にしました（1行目）。なのでif文の条件は成立しないためFalseを返します。そこでPythonは5行目の

```
05  else:
```

以降に記述した処理を実行します。elseの後にもコロン（:）が必要なことに注意してください。実行結果の画像は省略しますが、上記のプログラムを実行すると「aは10以下」と出力されます。aの値を10より大きくすると、「aは10より大きい」と出力されます。aの値を10にするとどうなるかは考えてみてください。

「もし〜なら…、○○なら□□、さもなければ◆◆」と分岐させる

もっと複雑な条件分岐も作れます。ここまでは条件が1パターンだけで、それに当てはまるか当てはまらないかが処理を変える基準でした。これに対して、処理を変える条件が複数ある条件分岐も可能です。

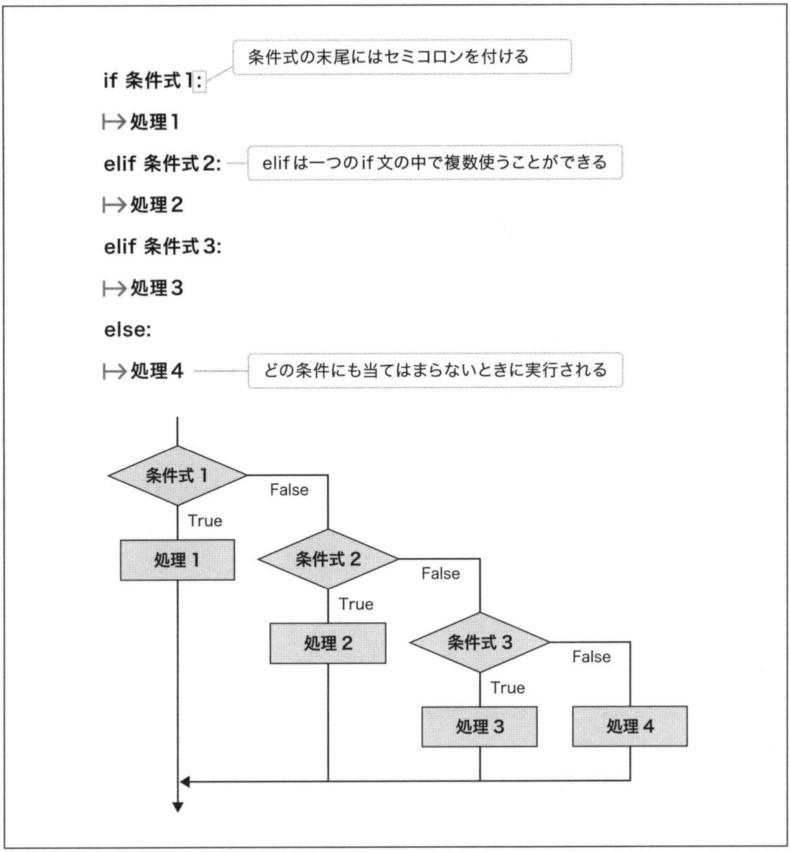

図4-6　複数の条件で処理を変える条件分岐

またelifという新しい記述が出てきました。if ～ elif ～ else文を使うと、条件式1が成り立たないときに、条件式2は成り立つか、条件式3はどうかと複数の条件式を順に評価することができます。最初の条件式はif文で、2番目以降はelif文です。どちらであってもそれぞれの式を実行して値を得ることを「式を評価する」と言います。なお、elif文は一つに限らず、複数記述することができます。

コード4-4　条件分岐にelifを使ったプログラム

conditon_04.py

```
color = "yellow"

if color == "red":
    print("赤です")
elif color == "blue":
    print("青です")
elif color == "yellow":
    print("黄色です")
else:
    print("ほかの色です")
```

このプログラムでは文字列を比較した条件分岐にしました。colorという変数に英語で色名を代入し、if ～ elif ～ else文で、"red"と一致するか、一致しなければ"blue"と一致するか、一致しなければ"yellow"と一致するかを評価しています。この場合は、"yellow"と一致するので、「黄色です」と出力されます。もし、どの色とも一致しなければelse: 以降が実行されます。

if ～ elif ～ else構文は、他の言語でいうとC言語のif ～ else if ～ else やVBAのif ～ then ～ ElseIf ～ then ～ Else ～ End IFと同じ働きをします。

センガクのちょっと込み入った話

三項演算子を使った条件式でシンプルな記述が可能に

「グダグダ書かないでスパッと書けた方がいいんじゃね?」。Pythonだけでなく、現在主流のプログラミング言語全般に見られる傾向です。どの言語も、簡潔な記述ができるように作られています。「VBAのように説明口調なコードは書くのが面倒だ」などと言ったのが体育会系プログラマー富井課長に聞こえようものなら「何でも面倒がるな。わかりやすい方が間違いがなくていいに決まってるだろ！」と怒鳴られそうな特徴なんですが、冗長になりがちなif ～ else文やif ～ elif ～ else文を式としてスパッと書けるのが、三項演算子を使った条件式です。

コード4-5　三項演算子を使った記述の例

conditon_05.py

```
01  color = "red"
02  s = "赤色です" if color == "red" else "ほかの色
    です" …①
03  print(s)
```

ずいぶん行数が少ないですね。このプログラムでは、2行目の①が条件式です。

「条件が成立したときの値　if　条件　else　条件が成立しなかったときの値」という要素で構成されている式です。

```
if color == "red"
```

がTrueを返すときは、値として「赤色です」を返し、そうでないときは「ほかの色です」を返すという意味です。1行の記述で2通りの値を返すことができるのです。

このコードを実行すると変数sに「赤色です」が入ります。条件と条件が成立したときの値、成立しなかったときの値という三項で構成されるので三項演算子とも呼ばれます。三項演算子を使うと、この例のように条件分岐を1行で表現できます。

三項演算子はC言語やJavaScript、PHPなどのプログラミング言語にもあります。それらの言語の場合、基本的には「条件式 ? 式1 : 式2」という形式になります。たとえば、コード4-5と同様の条件式をJavaScriptで書くと

```
color == "red" ? "赤色です" : "ほかの色です"
```

といった記述になります。

この形式の条件式では次のように書くことで、if ～ elif ～ elseも表現できます。

コード4-6　elifも使った条件式の例

conditon_06.py

```
color = "blue"
s = "赤色です" if color == "red" else "青色です" if color == "blue" else "ほかの色です"
print(s)
```

このように条件式を記述することにより、colorの値が"red"なら"赤色です"を返し、"red"ではなく"blue"だったら"青色です"を返します。"red"でも"blue"でもなかったら、"ほかの色です"を返します。このように3通りの値を返すことができるわけですね。

しかし、このコードは可読性が悪いです。「可読性が悪い」というのはわかりにくいということです。「最初の条件がFalseを返し、2番目の条件がTrueを返すときに2番目の値を返す」という仕組みを知っていないと、"青色です"を返す条件がパッと見にわかりません。

条件式の条件を増やしていけば4通りでも5通りの値でも返すことができます。でもそうすると、富井課長に「なんでわざわざわかりにく

くするんだよ」と叱られそうなコードになります。2通りの値を返す条件式なら、if else文がわかっていれば理解しやすいんですけどね。

同じことを繰り返す処理

これまで説明してきたように、プログラムは基本的には上から順番に処理をします（順次処理）。そこに、条件により処理を分岐させることができます。そして、これから説明する繰り返し処理がそろうと、プログラムの流れ（フロー）をいかようにも構成できます。

繰り返し処理とはどういうものかを理解するために、100行ほど売上明細データが入力されているExcelのシートを思い浮かべてください。1行目は項目名を記したヘッダーです。2行目から、日付や商品が違う売上明細が100行目まで入力されているとします。

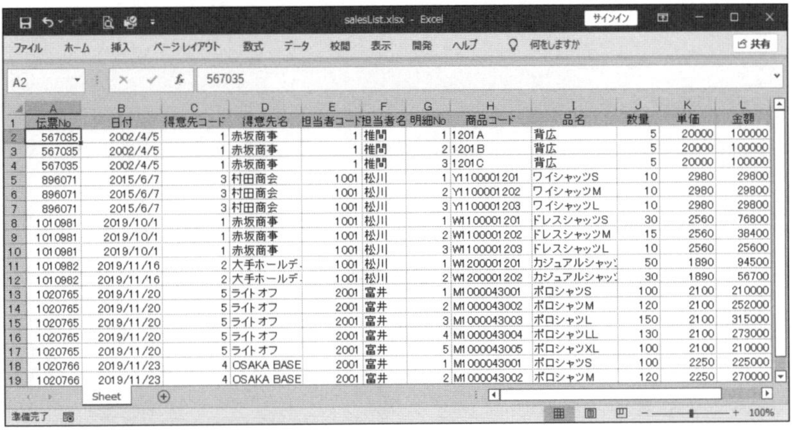

	A	B	C	D	E	F	G	H	I	J	K	L
1	伝票No	日付	得意先コード	得意先名	担当者コード	担当者名	明細No	商品コード	品名	数量	単価	金額
2	567035	2002/4/5	1	赤坂商事	1	椎間	1	1201A	背広	5	20000	100000
3	567035	2002/4/5	1	赤坂商事	1	椎間	2	1201B	背広	5	20000	100000
4	567035	2002/4/5	1	赤坂商事	1	椎間	3	1201C	背広	5	20000	100000
5	896071	2015/6/7	3	村田商会	1001	松川	1	Y1100001201	ワイシャッツS	10	2980	29800
6	896071	2015/6/7	3	村田商会	1001	松川	2	Y1100001202	ワイシャッツM	10	2980	29800
7	896071	2015/6/7	3	村田商会	1001	松川	3	Y1100001203	ワイシャッツL	10	2980	29800
8	1010981	2019/10/1	1	赤坂商事	1001	松川	1	W1100001201	ドレスシャッツS	30	2560	76800
9	1010981	2019/10/1	1	赤坂商事	1001	松川	2	W1100001202	ドレスシャッツM	15	2560	38400
10	1010981	2019/10/1	1	赤坂商事	1001	松川	3	W1100001203	ドレスシャッツL	10	2560	25600
11	1010982	2019/11/16	2	大手ホールデ	1001	松川	1	W1200001201	カジュアルシャッ	50	1890	94500
12	1010982	2019/11/16	2	大手ホールデ	1001	松川	2	W1200001202	カジュアルシャッ	30	1890	56700
13	1020765	2019/11/20	5	ライトオフ	2001	富井	1	M1000043001	ポロシャツS	100	2100	210000
14	1020765	2019/11/20	5	ライトオフ	2001	富井	2	M1000043002	ポロシャツM	120	2100	252000
15	1020765	2019/11/20	5	ライトオフ	2001	富井	3	M1000043003	ポロシャツL	150	2100	315000
16	1020765	2019/11/20	5	ライトオフ	2001	富井	4	M1000043004	ポロシャツLL	130	2100	273000
17	1020765	2019/11/20	5	ライトオフ	2001	富井	5	M1000043005	ポロシャツXL	100	2100	210000
18	1020766	2019/11/23	4	OSAKA BASE	2001	富井	1	M1000043001	ポロシャツS	100	2250	225000
19	1020766	2019/11/23	4	OSAKA BASE	2001	富井	2	M1000043002	ポロシャツM	120	2250	270000

図4-7　売上明細のワークシート

数量×単価で売上金額が計算されていますが、これは税抜きの金額です。税込金額は計算されていないので、プログラムを作って消費税を計算し、算出した税額をExcelシートに記入していきたいとしましょう。

このとき、各行ごとに

```
税込金額 = 売上金額 * 1.1
```

として、消費税を含めた金額を求めるコードをどの行についても書いていたら、それだけで100行のプログラムになってしまいます。それにシートに入力されている行数が変わったら、プログラムにもコードを追加しないといけなくなりますよね。そこで、登場するのが繰り返し処理です。

ある条件で同じ処理を繰り返し実行する機能が繰り返し処理です。Pythonではfor文とwhile文で繰り返し（ループ）処理を作ります。主に利用するのはfor文です。while文はあまり使いません。for文で表現しにくいときに、while文を使うといった理解でよいと思います。for文は以下のように記述します。

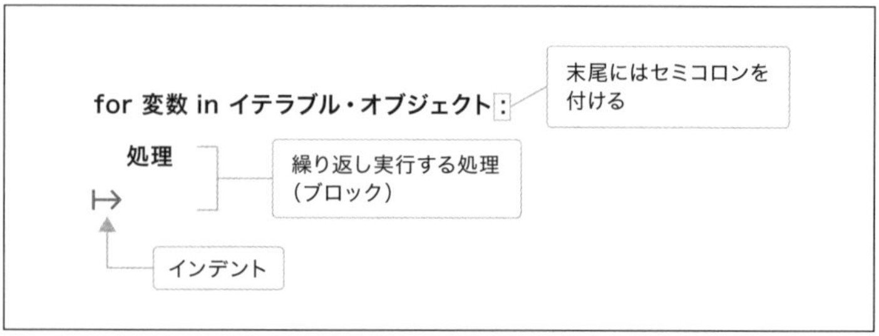

図4-8　for in文による繰り返し

繰り返し処理の対象はイテラブル・オブジェクト

この中でイテラブル・オブジェクトという新しい言葉が出てきました。第3章で、文字列も数値もPythonではオブジェクトであることを説明しました。for in文による繰り返し処理では、繰り返し処理する対象がイテラブル・オブジェクトというオブジェクトになります。具体的には、文字列や次の章で説明するリストやタプルがイテラブル・オブジェクトです。イテラブル（iterable）とは「繰り返し可能な」という意味です。と説明されてもどういうことかすぐにはイメージできないかもしれません。このオブジェクトがどのように繰り返し可能なのか、文字列を例に具体的なプログラムで見ていきましょう。

コード4-7　文字列中のすべての文字を2回繰り返すプログラム

loop_01.py

```
01  str_01 = "Python programming"
02  str_02 = ""
03
04  for ch in str_01:
05      str_02 += ch * 2
06
07  print(str_02)
```

前述の通り、文字列はイテラブル・オブジェクトです。文字という複数の要素を含んでおり、反復して一つひとつの文字を順に取り出すことができるようになっています。4行目の

```
04  for ch in str_01:
```

では変数str_01からすべての文字を1文字ずつ順に取り出して、変数chに代入します。書き方としては、str_01:のようにイテラブル・オブジェクトの後ろにコロン（:）を付けます。Pythonでは1文字でも文字列なので、この行の記述によりchも文字列型の変数になります。1文字分、str_01からchに代入したところで、繰り返しの中で行う処理をするために次の行に進みます。

次の行とはこのプログラムの場合、5行目の

```
05      str_02 += ch * 2
```

です。for文の中の処理であること、つまりforブロックに含まれることを示すために、このコードはインデントされています。Pythonでは文字列のかけ算がで

きます。

```
ch * 2
```

はchに取り出した文字を2回繰り返すという意味になります。それを変数str_02に+=で連結しています。すべての文字についてこの処理をしたら、forブロックを抜けてprint(str_02)で出力します。

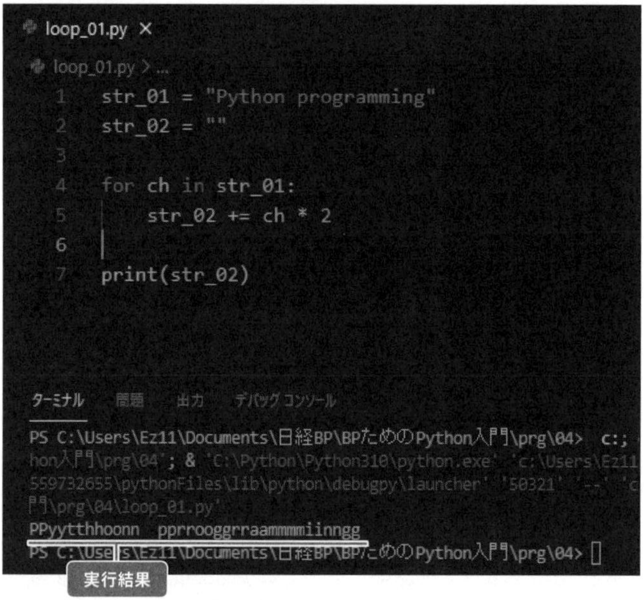

図4-9　**loop_01.pyの処理結果**

すべての文字が2文字ずつになってターミナルに出力されていますね。このようにfor in文を使うとイテラブル・オブジェクトからすべての要素を取り出し、それぞれに同じ処理を加えることができます。

処理する回数や範囲を指定した繰り返し

繰り返す回数を指定したい場合や、指定した範囲で繰り返しを実行したい場合は、for in文にrange関数を組み合わせます。その場合は、次のような記述になります。

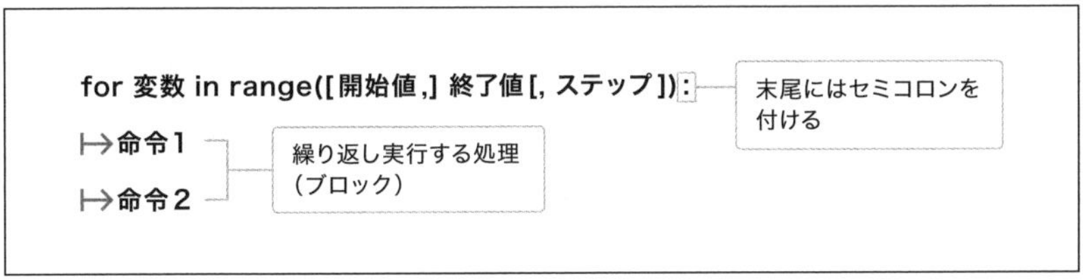

図4-10　range関数を使って、どのように繰り返すかを指定する

range関数はイテラブルなrangeオブジェクトを返します。それを実際のプログラムとその動作で見てみましょう。

コード4-8　range関数を使った繰り返し処理

loop_02.py

```
01  for x in range(10):
02      print(x, end=" ")
```

range関数には開始値、終了値、ステップという3種類の引数を整数で指定することができます。このプログラムは、3種類指定可能な引数のうち一つだけ（10）を渡しています。このように記述すると、終了値を指定したことになります。

このプログラムの実行結果は次のようになります。

```
0 1 2 3 4 5 6 7 8 9
```

繰り返す処理である2行目のprint関数を10回実行し、0から9までの10個の値を表示しています。range関数に終了値だけを指定した場合、0から始まり、終了値の手前までの値を返します。実行結果が0から9なのはそのためです。

センガクのちょっと込み入った話

print関数のキーワード引数

このプログラムではxを出力するときに改行しないように、キーワード引数endにスペース（空白）を指定しています。このコードでは、2行目のprint関数の引数として記述した

```
end=" "
```

のことです。

また見慣れない言葉が出てきましたね。そこでここでは、このキーワード引数について説明しておきましょう。

print関数は複数の引数を受け取ることができます。キーワードなしの普通の引数はすべて出力対象として扱います。複数の引数を記述すると、具体的には

```
>>> print("aaa",3,True)
aaa 3 True
```

図4-11　複数の引数を指定したprint関数を実行したところ

のようにすべての引数を出力します。

特定の意味のある引数はキーワード（sep、end、file、flush）を付けて指定します。endはデフォルト（既定値）で改行が指定されているので、end=" "を指定せずに、print(x)で0から9までを出力すると、1文字出力するたびに改行するので縦に数字が並びます。これが標準のprint関数による出力です。

```
0
1
2
3
4
5
6
7
8
9
```

図4-12
標準では出力するごとに改行するので縦に数字が並ぶ

```
end=" "
```

で出力の末尾をスペースにするようendに指定することで、値の出力の後に改行ではなくスペースを出力するようにしています。

このほかのキーワードも説明しておきましょう。sepはセパレータ（区切り文字）の指定です。これはデフォルトでスペースが指定されています。

```
>>> print(1,2,3)
1 2 3
>>> print(1,2,3,sep=";")
1;2;3
```

図4-13　**セパレータを；にして出力**

数値をキーワード引数sepなしで1,2,3と出力すると、1 2 3とスペース区切りで出力されます。sep=";"を指定すると、セミコロンが区切り文字になります。

ほかのまだキーワード引数はありますが、今の段階ではこれだけでもかなりprint関数の自由度が上がるのではないかと思います。それでもprint関数の出力に不満が残るときには、end、sep以外のキーワードも調べてみてはどうでしょうか。

range関数の開始値、ステップも指定する

次に、開始値と終了値の両方を指定する繰り返し処理を見てみましょう。次のコードを見てください。

コード4-9　開始値を指定した繰り返し処理の例

loop_03.py

```
01  for x in range(2,7):
02      print(x, end=" ")
```

1行目のrange関数で開始値の引数に2、終了値に7を指定しました。

これの実行結果は次のようになります。

```
2 3 4 5 6
```

開始値を指定することにより、その位置から繰り返しが始まり、終了値の手前までの値を出力します。たとえば、売上伝票の様式で作成されたExcelのシートで、2行目から6行目までの5行に売上明細が入力されているようなときに、このような範囲指定で売上明細を1件ずつ繰り返し読み込みたい──。そんな処理をするときに、このように開始値を指定した繰り返しが応用できます。

開始値、終了値、ステップの引数をすべて指定するパターンはどうなるでしょうか。

コード4-10　ステップ（増分値）も設定した繰り返し処理の例

loop_04.py

```
for x in range(3,10,3):
    print(x, end=" ")
```

ステップとは増分値のことです。このプログラムを実行すると結果は次のようになります。

```
3 6 9
```

開始値に3、終了値に10、ステップに3を指定したので、ひと桁（正確には10未満）の3の倍数が出力されました。開始値を終了値よりも大きくすれば、逆順に繰り返すこともできます。ステップにはマイナスの値も指定できるので、逆順のときも飛び飛びの繰り返し処理が可能です。

その際に気を付けてほしいのは、開始値は含まれるが終了値は含まれないということです。これまでにも触れた通り、これはrange関数で範囲を指定するときの原則で、逆順のときもこの原則に従います。コード4-10のプログラムをもとに

```
9 6 3
```

という結果がほしかったら、以下のようにrange関数を記述します。

コード4-11　逆順でステップを指定した繰り返し処理の例

loop_05.py

```
for x in range(9,2,-3):
    print(x, end=" ")
```

range関数の引数は、開始値を9、終了値を2、ステップを－3にしなくてはいけません。ポイントは終了値です。9から順に3までを処理したいので、終了値には2を指定する必要があります。range関数[*1]の終了値は混乱しやすいポイントです。早い段階で練習して慣れておくことをお勧めします。

＊1　ここまでしれっと「range関数」と書いてきましたが、厳密に言うとrangeは関数ではありません。イミュータブルなシーケンス型を表すクラスです。ただ、その点を正確にすることにこだわるとわかりにくい説明になってしまうので、ここでは関数と説明しました。イミュータブルとは「変更できない」という意味で、シーケンス型とは文字列やリストのようにインデックスで操作できる順番を持ったデータ型です。イミュータブルとシーケンス型については次の章で詳しく説明します。

条件と繰り返しを兼ね備えたwhile

ここまでif文による条件分岐、for文による繰り返しについて説明してきました。Pythonには、この条件分岐と繰り返しを兼ね備えたwhileが用意されています。whileによる繰り返しは、条件式が真の間、whileブロックの中のコードを実行します。

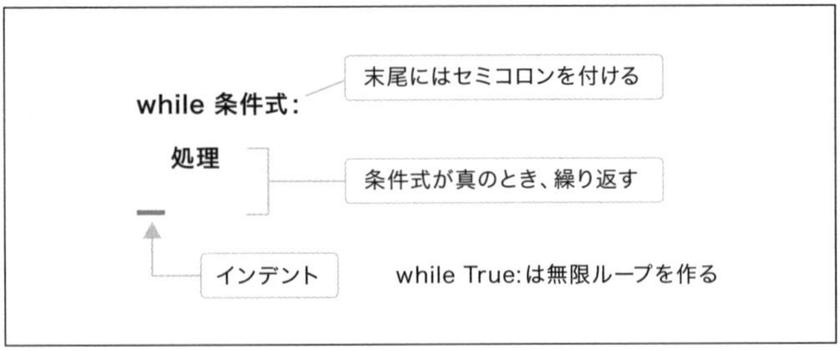

図4-14　**while文による繰り返し**

具体的なプログラムを見ながらwhile文について見ていきましょう。

コード4-12　while文を使った繰り返し処理の例

loop_06.py

```
i = 0
while i < 5:
    print(i)
    i += 1
```

iを0で初期化して、iが5より小さい間、whileブロック内のprint(i)とi += 1を繰り返すプログラムです。

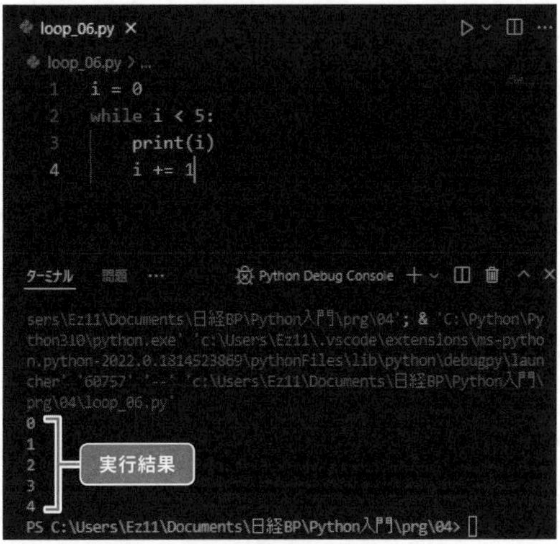

図4-15　**loop_06.pyの実行結果**

　このように、iに1を加算する処理が5回繰り返され、その1回ごとの計算結果が出力されます。しかし、回数が決まっているならfor文で処理できるので、あえてwhile文を使う意味はありません。

　while文の有効な例として、わざと無限ループを作っておいて、ある条件で無限ループを抜けるといった処理が考えられます。間違ったコードを記述して無限ループを生み出してしまい、終わらないプログラムを書いてしまったプログラマーは青ざめるしかありませんが（本当は何らかの方法でプログラムを停止させることは可能です）、抜け出す方法さえ用意してあれば、無限ループもwhile文でしか作れないプログラムテクニックの一つと言えます。

　たとえば、while True:で無限ループを作っておいて、ユーザーのキーボード入力を待って、Enterキーだけが押されたときにのみ、whileループを抜ける処理というのが可能です。「ループを抜ける」処理にはbreakを使います。次のプログラムを見てください。

コード4-13　Enterキーが押されたらループを抜け出す処理の例

loop_07.py

```
01 while True:
02     str = input("何か入力してください(Enterのみは終了):")
03     if not str:
04         break
05     print(str)
```

breakは、4行目にありますね。ループを抜ける処理を説明する前に、プログラム全体の処理を見ておきましょう。

このプログラムでは、2行目のinput関数でユーザーが入力した文字列を受け取ります。Enterキーを押すと入力は終了の合図で、その前までの入力が受け取る文字列になります。ここで何らかの文字列が入力されると、これを5行目のprint関数で出力します。

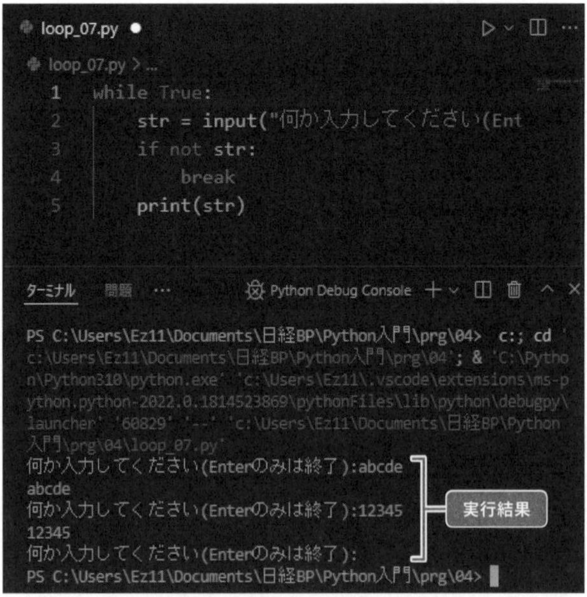

図4-16　**上から順にabcde+Enter、12345+Enter、Enterのみを入力した場合の処理結果**

文字列＋Enterと入力した場合は、入力した文字列がターミナルに表示され、Enterキーだけを押した場合は、無限ループを抜けてプログラムを終了します。

とは言っても、プログラムはEnterキーのみが押されたかどうかを判断しているわけでありません。3行目の

```
03  if not str:
```

のnot strがTrueを返したら、そのときだけbreak文を実行しているだけです。なので、実は、ShiftキーやCtrlキーを組み合わせたShift +EnterでもCtrl+Enterでも無限ループを抜け、プログラムを終了します。

2行目で出てきたinput関数はユーザーが入力した文字列を返します。このため、2行目はその文字列を変数strにそのまま代入するという処理になります。このとき、文字列変数strに何も文字列が含まれていなかったら、strを参照しようとするとFalseを返します。これを否定する演算子のnotと組み合わせて

```
not str
```

としたことで、strに文字列が含まれておらずFalseを返すとき、not strはFalseを反転させてTrueを返します。これをbreakが発動する条件にすることで（3行目）、4行目のbreakが動作し、whileループから抜け出します。このプログラムではwhileループ以外にコードはないので、プログラムが終了するわけです。一方、2行目で何らかの文字列を入力している限りbreakの行は処理されないので、いつまでも（つまり無限に）入力された文字を表示する処理を続けます。

条件分岐と繰り返し処理で消費税額を計算する

条件分岐と繰り返し処理の基本がわかったところで、これをどう実用的なプログラムに活用するかに焦点を当ててみます。ここで紹介するプログラムを実際の業務に応用するというのが目的ではありません。手元にあるのがどういうデータで、そのデータをもとにこういう処理をしたいというときに、どのように考え、どのようにプログラムを作っていくかという過程に注目してください。

ここでは、次のような売上明細シートがあったとします。

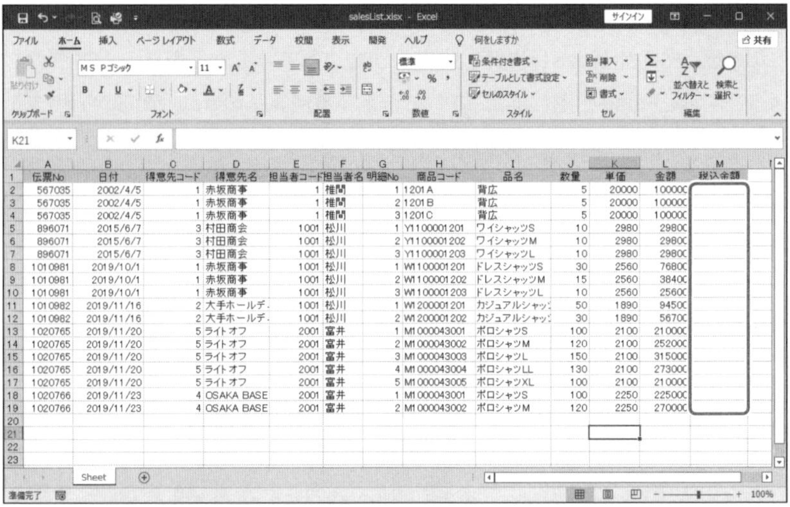

	伝票No	日付	得意先コード	得意先名	担当者コード	担当者名	明細No	商品コード	品名	数量	単価	金額	税込金額
2	567035	2002/4/5	1	赤坂商事	1	椎間	1	1201A	背広	5	20000	100000	
3	567035	2002/4/5	1	赤坂商事	1	椎間	2	1201B	背広	5	20000	100000	
4	567035	2002/4/5	1	赤坂商事	1	椎間	3	1201C	背広	5	20000	100000	
5	896071	2015/6/7	3	村田商会	1001	松川	1	Y1100001201	ワイシャツS	10	2980	29800	
6	896071	2015/6/7	3	村田商会	1001	松川	2	Y1100001202	ワイシャツM	10	2980	29800	
7	896071	2015/6/7	3	村田商会	1001	松川	3	Y1100001203	ワイシャツL	10	2980	29800	
8	1010981	2019/10/1	1	赤坂商事	1001	松川	1	W1100001201	ドレスシャツS	30	2560	76800	
9	1010981	2019/10/1	1	赤坂商事	1001	松川	2	W1100001202	ドレスシャツM	15	2560	38400	
10	1010981	2019/10/1	1	赤坂商事	1001	松川	3	W1100001203	ドレスシャツL	10	2560	25600	
11	1010982	2019/11/16	2	大手ホールデ	1001	松川	1	W1200001201	カジュアルシャッ	50	1890	94500	
12	1010982	2019/11/16	2	大手ホールデ	1001	松川	2	W1200001202	カジュアルシャッ	30	1890	56700	
13	1020765	2019/11/20	5	ライトオフ	2001	富井	1	M1000043001	ポロシャツS	100	2100	210000	
14	1020765	2019/11/20	5	ライトオフ	2001	富井	2	M1000043002	ポロシャツM	120	2100	252000	
15	1020765	2019/11/20	5	ライトオフ	2001	富井	3	M1000043003	ポロシャツL	150	2100	315000	
16	1020765	2019/11/20	5	ライトオフ	2001	富井	4	M1000043004	ポロシャツLL	130	2100	273000	
17	1020765	2019/11/20	5	ライトオフ	2001	富井	5	M1000043005	ポロシャツXL	100	2100	210000	
18	1020766	2019/11/23	4	OSAKA BASE	2001	富井	1	M1000043001	ポロシャツS	100	2250	225000	
19	1020766	2019/11/23	4	OSAKA BASE	2001	富井	2	M1000043002	ポロシャツM	120	2250	270000	

図4-17　税込金額が入力されていない売上明細シート

このExcelブックのファイル名はsalesList.xlsxです。このブックにあるシートは1枚だけです。このシートには日付や商品、売上金額は記録されていますが、消費税を含めた税込金額が計算されていません。openpyxlを使って税込金額を各行ごとに計算して書き込み、salesList_new.xlsxという別名のブックとして保存したいと思います。

前提条件として、この売上明細で管理しているのは2000年以降のデータです。このため、考慮すべき消費税率は1997年4月1日から適用された5%、2014年4月1日からの8%、2019年10月1日からの10%の3種類になります。

繰り返しの条件は、2行目からデータが入力されている最終行まで。分岐の条件は売上明細の日付と各消費税率が適用された日を比較した結果になります。

それではプログラムを見ていきましょう。

コード4-14　税込金額を計算してブックを別名で保存するプログラム

calc_tax_01.py

```
from openpyxl import load_workbook
from datetime import date


wb = load_workbook(r"salesList.xlsx")
ws = wb.active
date10 = date(2019,10,1)
date8 = date(2014,4,1)

for row_no in range(2, ws.max_row + 1):
    date_sales = ws.cell(row_no,2).value.date()
    if date_sales >= date10:
        tax_include_amount =  int(ws.cell(row_no,12).value * 1.1)
    elif date_sales >= date8:
        tax_include_amount =  int(ws.cell(row_no,12).value * 1.08)
    else:
        tax_include_amount =  int(ws.cell(row_no,12).value * 1.05)

    ws.cell(row_no,13).value = tax_include_amount

```

```
21  wb.save(r"salesList_new.xlsx")
```

1行目の

```
01  from openpyxl import load_workbook
```

はこれまでにも出てきましたね。openpyxlパッケージからload_workbook関数をインポートします。2行目の

```
02  from datetime import date
```

もライブラリのインポートで、こちらはdatetimeモジュールからdateクラスをインポートします。

2行空けて5行目ではload_workbook関数でワークブックを開き、wsに1枚だけ存在する（activeな）シートを取得します（6行目）。

セルの値から日付のオブジェクトを生成

次の行で、条件分岐のために消費税の適用日をdateクラスのオブジェクトとして生成します。date10は、10%が適用された日をプロパティとして持ちます。datetimeのdateクラスは2019,10,1のように年、月、日を引数に渡して、オブジェクトを生成することができます。

date8は8%が適用された日をプロパティとして持ちます。

シートの2行目から末尾の行までの繰り返し

さて、繰り返し処理を作るのは10行目の

```
10  for row_no in range(2, ws.max_row + 1):
```

です。ワークシートオブジェクトwsのmax_rowプロパティは、データが入力されている最終行を返します。繰り返す範囲を示す引数で+1しているのは、range関数が開始値（最初の引数である2）から終了値

```
ws.max_row + 1
```

の手前までの値を返すからです。+1を忘れると、繰り返し処理から最終行が漏れてしまいます。

11行目の

```
11        date_sales = ws.cell(row_no,2).value.date()
```

は、もしかすると難しく感じる人が多いコードかもしれません。ws.shell()の最初の引数であるrow_noは10行目のfor文で登場した変数で、行番号を示します。その次の2は列番号を示します。これにより、

```
ws.cell(row_no,2)
```

という記述で、これによりrow_noで示された行で、2列目のセルを指定したことになります。この日付が入力されているセルの値を

```
ws.cell(row_no,2).value
```

と指定し、date()メソッドで取得するとdatetimeクラスのオブジェクトとしてインスタンス化されます。これにより、該当するセルのデータを日付として扱えるようになりました。

この記述でどういう値が取り出せるのか、開発中のみに使うデバッグコードで確かめてみましょう。11行目の次に確認用のコードとして

```
    print(type(ws.cell(row_no,2).value))
```

といった記述を追加してデータ型を出力すると、

```
<class 'datetime. datetime'>
```

と出力されます。同様に

```
    print(ws.cell(row_no,2).value)
```

として値を出力すると、

```
2019-11-20 00:00:00
```

と日付だけでなく時間（time）がくっ付いてきます。date10やdate8と日付と日付の比較をしたいので、timeは不要です。そこで、

```
ws.cell(row_no,2).value.date()
```

と、date()メソッドによりdateオブジェクトを取得しているのです。そして、この日付を変数date_salesに代入しました。

日付を比較して税率を決める条件分岐

次が条件分岐です。if ～ elif ～ else文で、date_salesがdate10以上か調べています。「日付の値が大きい」イコール「新しい日付」となるためです。

もし12行目のif文でdate_salesがdate10以上なら、

```
int(ws.cell(row_no,12).value * 1.1)
```

という記述により、同じ行の12列目の値（L列の売上金額）

```
ws.cell(row_no,12).value
```

を1.1倍したうえで、int関数で整数化し、税込金額用に用意した変数tax_include_amountに代入します。

date_salesがdate10以上という条件に当てはまらなかったら、14行目のelifでdate8以上かどうかを比較します。もしdate8以上が真（True）なら、今度は税込金額を

```
* 1.08
```

で計算し、そうでなければ16行目のelseに進み、

```
* 1.05
```

で税込金額を求めます（17行目）。

求めたtax_include_amountは13列目（M列＝税込金額）に書き込みます（19行目）。

これを、2行目から最後の行まで繰り返したら、10行目のfor文による繰り返し処理が終わり、ループを抜けます。最後に、21行目のwb.saveメソッドでsalesList_new.xlsxという名前で保存します。

21行目で新規に保存したsalesList_new.xlsxを開き、次の図のように税込金額が記録されていることを確認してみました。

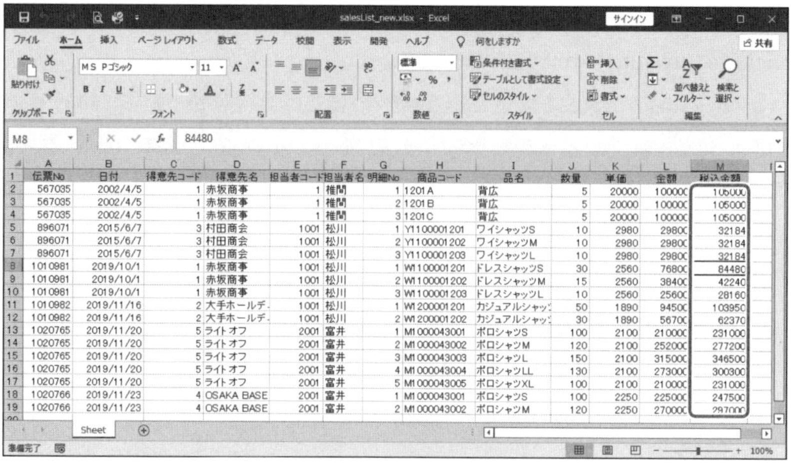

伝票No	日付	得意先コード	得意先名	担当者コード	担当者名	明細No	商品コード	品名	数量	単価	金額	税込金額
567035	2002/4/5	1	赤坂商事	1	椎間	1	1201A	背広	5	20000	100000	105000
567035	2002/4/5	1	赤坂商事	1	椎間	2	1201B	背広	5	20000	100000	105000
567035	2002/4/5	1	赤坂商事	1	椎間	3	1201C	背広	5	20000	100000	105000
896071	2015/6/7	3	村田商会	1001	松川	1	Y1100001201	ワイシャツS	10	2980	29800	32184
896071	2015/6/7	3	村田商会	1001	松川	2	Y1100001202	ワイシャツM	10	2980	29800	32184
896071	2015/6/7	3	村田商会	1001	松川	3	Y1100001203	ワイシャツL	10	2980	29800	32184
1010981	2019/10/1	1	赤坂商事	1001	松川	1	W1100001201	ドレスシャツS	30	2560	76800	84480
1010981	2019/10/1	1	赤坂商事	1001	松川	2	W1100001202	ドレスシャツM	15	2560	38400	42240
1010981	2019/10/1	1	赤坂商事	1001	松川	3	W1100001203	ドレスシャツL	10	2560	25600	28160
1010982	2019/11/16	2	大手ホールデ	1001	松川	1	W1200001201	カジュアルシャツ	50	1890	94500	103950
1010982	2019/11/16	2	大手ホールデ	1001	松川	2	W1200001202	カジュアルシャツ	30	1890	56700	62370
1020765	2019/11/20	5	ライトオフ	2001	富井	1	M1000043001	ポロシャツS	100	2100	210000	231000
1020765	2019/11/20	5	ライトオフ	2001	富井	2	M1000043002	ポロシャツM	120	2100	252000	277200
1020765	2019/11/20	5	ライトオフ	2001	富井	3	M1000043003	ポロシャツL	150	2100	315000	346500
1020765	2019/11/20	5	ライトオフ	2001	富井	4	M1000043004	ポロシャツLL	130	2100	273000	300300
1020765	2019/11/20	5	ライトオフ	2001	富井	5	M1000043005	ポロシャツXL	100	2100	210000	231000
1020766	2019/11/23	4	OSAKA BASE	2001	富井	1	M1000043001	ポロシャツS	100	2250	225000	247500
1020766	2019/11/23	4	OSAKA BASE	2001	富井	2	M1000043002	ポロシャツM	120	2250	270000	297000

図4-18　税込金額が記入されたsalesList_new.xlsx

ちなみに、このプログラムのif ～ elif ～ elseの部分を、三項演算子を使った条件式で書き換えると、こうなります。

コード4-15　条件に三項演算子を使った税額計算プログラム

calc_tax_02.py

```
from openpyxl import load_workbook
from datetime import date   # datetimeモジュールから
dateクラス


wb = load_workbook(r"salesList.xlsx")
ws = wb.active
date10 = date(2019,10,1)
date8 = date(2014,4,1)

for row_no in range(2, ws.max_row + 1):
    date_sales = ws.cell(row_no,2).value.date()
    tax_rate = 1.1 if date_sales >= date10 else 1.08
```

```
if date_sales >= date8 else 1.05
    tax_include_amount =  int(ws.cell(row_no,12).
value * tax_rate)
    ws.cell(row_no,13).value = tax_include_amount

wb.save(r"salesList_new.xlsx")
```

たしかにif ～ elif ～ elseとインデントされている部分がスッキリと記述できていますね。たったこれだけの行数なのに、5行も記述を減らすことができました。

今日のふりかえり

麻美「さくらちゃん、お疲れ！ 今日はどうだった？」

さくら「途中まではわかりやすかったんですけど、最後のExcelシートで税込金額を計算するプログラムが難しくて……」

麻美「そうだろうと思ったわ。サンプルプログラムはスラスラと理解できるんだけど、実務に使うプログラムはそういうわけにいかないからね」

さくら「4日目にして、なんかもうつらいです……」

麻美「いじわるしたわけじゃないんだよ。簡単にわかるサンプルプログラムばかり見ていると、自分が何がわかって何がわからないかがごちゃごちゃになってくるのよね。だから今日はちょっと実務っぽいプログラムを紹介したの」

さくら「なるほど、じゃあ、難しくて当たり前なんですね。でもfor文とif文の具体的な使い方がわかったような気がします」

麻美「あら、立ち直りが早いのね。じゃあ、今日も勉強したことをまとめておいてね！」

- 条件が成り立つときに、○○するのがif文
- 条件が成立するときは○○し、成立しないときは□□するのがif ～ else文
- 複数の条件を評価するのがif ～ elif ～ else文
- イテラブル・オブジェクトを処理するのならfor in文

- 回数を指定するならfor in range文
- 無限ループを作るならwhile文

研修 5 日目

イテラブル・オブジェクトを理解する

麻美　「シマウマのシマをぐるぐるとって♪シロクマにつけたらシマクマ♪」

さくら　「麻美先輩、朝からご機嫌ですね」

麻美　「おう、さくらちゃん。今日はイテラブル・オブジェクトをどんな風に説明するか、電車の中で考えていたら、この歌が頭の中で止まらなくなっちゃって」

さくら　「プッ、おかしい。昨日、勉強した文字列にイテラブル・オブジェクトってありましたね。文字列から繰り返し1文字ずつ取り出すことができました」

麻美　「えらい！　ちゃんと覚えているね。文字列のほかにリストやタプル、ディクショナリなんかがイテラブルよ」

さくら　「はあ、そうなんですか。朝からいきなり知らない言葉ばっかりですが……」

センガク　「難しく言うと、__iter__ メソッドを実装したオブジェクト、またはシーケンスの動作をする__getitem__ メソッドを実装したオブジェクトがイテラブル・オブジェクトさ」

麻美　「センガク、難しく言ってどうするのよ！　どうやって簡単に言うかを電車の中でずっと考えて来たのに」

センガク　「それで、簡単に言うと？」

麻美　「for in文でぐるぐる操作できるのがイテラブル・オブジェクト」

センガク　「それはそうだけど、ワンと鳴けば犬みたいな説明だな」

麻美　「センガク、なにごちゃごちゃ言っているの！さあ、始めるわよ、さくらちゃん。シマウマのシマをぐるぐるとって♪」

本章では、str（文字列）やlist（リスト）、tuple（タプル）、range（レンジ）、dict（ディクショナリ）といった形式のデータについて説明します。これらはいずれもイテラブル・オブジェクトという、オブジェクトの中でも特別な性質を持っています。これらのオブジェクトの使い方を知ると、プログラムの中で、データをうまく、効率的に扱うことができるようになります。また、リスト、タプル、ディクショナリは複数のデータを格納することから、データ構造とも呼ばれることもあります。

それから、これらのデータ型は次のような分類をすることもできます。文字列やリスト、タプル、レンジはシーケンス（sequence）型です。シーケンス型はインデックス（先頭から何番目か）を指定して、要素にアクセスできるデータ型です。これに対し、ディクショナリはkey（キー）で要素にアクセスできるマッピング（mapping）型です。

また、リストはmutable（ミュータブル、変更可）で、タプルはimmutable（イミュータブル、変更不可）です。

新しい言葉がたくさん出てきましたね。これらの言葉の意味するところを理解できるのが、この章の目的です。決して難しくはないので、コンプリートを目指しましょう。では、それぞれのデータ型について、まずはシーケンス型から見ていきましょう。

シーケンス型の特徴

あれこれと言葉で説明するよりも、シーケンス型はどのように扱えるデータ型なのか、とにかく実際の文字列を例にプログラムで見てください。

コード5-1　文字列から1文字ずつ取り出すプログラムの例

str_01.py

```
str_01 = "Python Intro"

for ch in str_01:
    print(ch, end="_")

print("")

print(str_01[0],str_01[2],str_01[len(str_01) - 1])
```

このプログラムを実行すると、「Python Intro」という文字列から次のような2行が出力されます。

```
P_y_t_h_o_n_ _I_n_t_r_o_
P t o
```

2行の出力のうち、上の行について見ていきます。

イテラブルである文字列はfor in文で一つずつ、つまり1文字ずつ要素を取り出すことができます（3行目）。ここでは変数chに変数str_01（文字列）から1文字ずつ取り出し、4行目のprint関数で出力します。このprint関数では、

```
end="_"
```

とキーワード引数endにアンダースコア（アンダーバー）を指定しているので、「Python Intro」から1文字取り出すことにアンダースコアを付け足します。これを文字列のすべての文字を取り出すとともに出力するので、結果として「Python Intro」の各文字の間にアンダースコアがはさまれることになりました。

同時にシーケンス型のデータでは、各要素をインデックス値で指定して取り出すことができます。8行目では、インデックスを指定して文字列から特定の位置の文字を出力しています。この行のprint関数では三つの引数を指定しました。文字列型の変数str_01（値は「Python Intro」でしたね）を対象に、str_01[0]と記述することで先頭（1番目）のPを指し、str_01[2]は3番目のtを示します。

3番目の引数である

```
str_01[len(str_01) - 1]
```

については、もう少し説明しておきましょう。この引数では文字列の最後の文字を指定したかったので、このように記述しました。「Python Intro」は全部で12文字なので

```
str_01[11]
```

と指定することで同じ文字を指定することができます。でも、これでは「12番目の文字」を指定したことになり、「最後の文字」を指定したコードにはなりません。そこで、変数str_01を変えることになり、文字列が何文字に変わったとしても最後の文字を指定する処理にしてみます。

シーケンス型のデータの場合、len関数を使って要素数を取得することができます。文字列の場合、要素数は文字列の長さです。「Python Intro」は空白も含めて12文字あるので、

```
len(str_01)
```

は12を返します。インデックスは0から始まりますので、そこから1を引いて

```
str_01[len(str_01) - 1]
```

とすることで最後の文字であるoを取得しています。このインデックスは12－1で11なので、

```
str_01[11]
```

と記述したときも同じ文字を取り出せます。ですが、len関数を使う記述にすることで、文字列が何文字であっても常に最後の文字を指定することができるコードになりました。

ここで文字列「Python Intro」とインデックスの関係について整理しておきましょう。

図5-1　文字列とインデックス

文字列	P	y	t	h	o	n		I	n	t	r	o
インデックス	0	1	2	3	4	5	6	7	8	9	10	11

スライスで複数の文字を一度に取り出す

　このようにインデックスを指定すれば、文字列を1文字ずつ取り出すことができます。でも、それだけではありません。スライス（slice）という機能を使うと、複数の文字を固まりで切り出すことができます。チーズをスライスするところをイメージしてください。スライスチーズや初めから切れているチーズをイメージしてはダメですよ。大きな四角いかたまりから、一切れを切り出すイメージです。厚く切ることもできれば、薄く切ることもできます。そのように文字列のデータからでも、スライスを使って任意の文字数で部分文字列を取得することができます。

　実際に部分文字列を取り出すコードを見てみましょう。

コード5-2　文字列をかたまりで取り出すプログラムの例

str_02.py

```
str_01 = "Programming"

print(str_01[1:8])

print(str_01[:4])

print(str_01[4:])

print(str_01[1:8:2])
```

このプログラムの実行結果は次のような出力になります。

```
rogramm
Prog
ramming
rgam
```

スライスは3行目のように

```
文字列[開始インデックス:終了インデックス]
```

と指定するのが基本の記述です。こうすることにより、文字列から部分文字列を自由に取り出すことができます。

このプログラムでは、4通りの取り出し方をコードにしています。次の図を見ながら、順々にどのように文字を取り出しているかを見ていきましょう。

図5-2　str_02.pyの文字列とインデックスの関係

文字列	P	r	o	g	r	a	m	m	i	n	g
インデックス	0	1	2	3	4	5	6	7	8	9	10

3行目の記述のようにインデックスの指定を[1:8]とすると、インデックスは0から始まるのでstr_01[1]のrから、str_01[7]のm(mとしては2番目)まで取り出しています。終了インデックス8の手前までの要素が対象になっているわけです。

では、最後の文字、このケースでは「g」まで取得したかったら、

```
print(str_01[1:11])
```

のように指定すれば、「rogramming」が出力されます。

開始もしくは終了インデックスは省略することもできます。コード5-2の5行目のように

```
05  print(str_01[:4])
```

と、文字列[:終了インデックス]という記述で開始インデックスを省略すると最初の要素から、インデックス4の手前の要素まで取り出すことができます。逆に

```
07  print(str_01[4:])
```

と終了インデックスを省略すると、インデックス4の要素から、最後の要素まで取得するコードになります。

　また、

```
09  print(str_01[1:8:2])
```

のように

```
文字列[開始インデックス：終了インデックス：ステップ]
```

と、3番目の数値を指定すると、ここで指定した文字数ごとに飛び飛びで部分文字列を作成するといったことも可能です。9行目では2を指定しているので、1文字おきに取り出した部分文字列になります。

文字列型のメソッド

　文字列はstrクラスのオブジェクトなので、いろいろなメソッドが使えます。ここでは文字列操作に便利に使える特徴的なメソッドを紹介します。

　startswith()メソッドは文字列が、引数に指定した文字列で始まるかどうかを判定し、ブール値を返します。endswith()メソッドは文字列が、引数に指定した文字列で終わるかどうかを判定し、ブール値を返します。

　ここで、inについても説明しておきましょう。inは文字列のメソッドではなく

演算子なのですが、startswith()やendswith()と深く関連があるので、ここで紹介します。

in演算子は文字列に検索文字列が含まれるかを判定し、ブール値を返します。

find()メソッドは文字列から引数に指定された文字列を見つけ、最小のインデックスを返します。見つからなければ-1を返します。replace()メソッドは文字列を置換します。

ここで紹介したメソッドをまとめて使ったプログラムを見ていきましょう。

コード5-3　文字列特有のメソッドを使ったプログラムの例

str_03.py

```
01 str_01 = "Start Python Programming"
02 
03 if str_01.startswith("Python"):
04     print("str_01はPythonで始まる")
05 elif str_01.endswith("Python"):
06     print("str_01はPythonで終わる")
07 elif "Python" in str_01:
08     print("str_01はPythonを含む")
09 else:
10     print("str_01はPythonを含まない")
11 
12 print(str_01.find("Python"))
13 str_02 = str_01.replace("Python","Ruby")
14 print(str_02)
```

まず1行目で「Start Python Programming」という文字列をstr_01に代入します。3行目のif文で

```
str_01.startswith("Python")
```

と、str_01はPythonで始めるか調べていますが、この条件は成り立ちません。

そこで次のelifで

```
str_01.endswith("Python")
```

と、文字列の最後の部分がPythonと一致するか調べます。でも、str_01はProgrammingで終わっているので、この条件も成り立ちません。

次のelif（7行目）では、条件式にin演算子を使っています。この

```
"Python" in str_01
```

は、str_01にPythonが含まれているため成り立ちます。このため、8行目が実行されて、「str_01はPythonを含む」とターミナルに出力されます。

条件分岐が終わったあとのprint関数（12行目）では引数に

```
str_01.find("Python")
```

と記述しました。これにより変数str_01の文字列の中で、最初にPythonが見つかったインデックスを返します。ここでは6が返ってくるので、print関数により6が出力されます。

13行目の右辺は

```
str_01.replace("Python","Ruby")
```

になっています。これによりstr_01の中から第一引数で指定された文字列を見つけ、第二引数の文字列に置き換えたうえで、置き換え後の文字列を返します。このとき、str_01オブジェクト自身のデータプロパティを書き換えるわけではありません。プロパティを読み取り、読み取った値を書き換えて新しい値（文字列）を返すという動作になる点を覚えておいてください。

このプログラムを実行した結果は次の図のようになります。

図5-3　**str_03.pyを実行した結果**

ここでたとえば、str_01を

```
"Python Programming Start"
```

のように単語の順番を変更すれば、

```
str_01.startswith("Python")
```

が True になりますし、

```
"Start Programming Python"
```

のような順番にすれば、

```
str_01.endswith("Python")
```

が True になり、それぞれ出力結果が変わります。このように文字列を変えたり、余裕があれば各メソッドの引数もいろいろ変えたりして、出力がどう変わるか試してみてください。

日本語の文字列でも扱い方は同じ

次は日本語の文字列だと、どうなるか見ていきましょう。処理自体はコード5-3と同じです。次の図で、プログラムと実行結果を一緒に見てください。

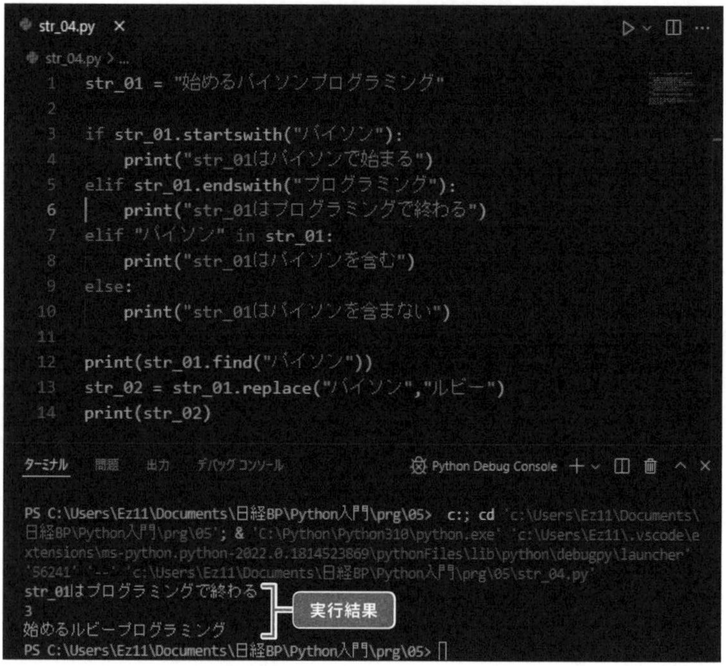

図5-4　**str_04.pyとその実行結果**

このプログラムではstr_01の文字列を「始めるパイソンプログラミング」にしました。先に出て来るelifの条件式である

```
str_01.endswith("プログラミング")
```

が成り立つので、「str_01はプログラミングで終わる」とターミナルに出力されます。また、条件分岐が終わったあとのprint関数では、引数の

```
str_01.find("パイソン")
```

は3を返します。str_01[3]は「パ」ですね。find()メソッドで「パイソン」の出現位置が取得できていることがわかります。

最後から2番目の行は、文字列の置換です。

```
str_02 = str_01.replace("パイソン","ルビー")
```

というコードを実行すると、str_02の値（文字列）は「始めるルビープログラミング」になります。日本語でも問題なく処理できますね。

少しプログラムを書き換えて、出力がどう変わるか試してみましょう。たとえば、以下のように最初のelif文と次の行の先頭に#を付けてコメント行にしてみます。

```
#elif str_01.endswith("プログラミング"):
#    print("str_01はプログラミングで終わる")
```

元のプログラムでは最初に成立する条件式が、コメントにしたことによりスキップされます。すると次のelifの

```
"パイソン" in str_01
```

という条件が成り立って、「str_01はパイソンを含む」と出力されることがわかります。

このようにプログラミングを学ぶ場合は、サンプルプログラムを動かして終わりではなく、自分でいろいろいじってどうなるかを確かめながら学んだほうが得るものが多いと思います。

複数の値で構成されるリストとタプル

リスト（list）とタプル（tuple）は、他のプログラミング言語では配列と呼ばれるものに似ています。同じ性質のデータを並べてまとめて管理することができます。値を一つずつ別々に扱うよりも、まとめて扱った方が都合のよいデータはたくさんあります。

たとえば、食堂のメニューやその値段のデータを作ってみましょう。

コード5-4　リストとタプルの宣言

```
menu = ["カレーライス","ハヤシライス","親子丼","カツ丼","天丼"]
prices = (700,750,650,800,1000)
```

メニューをリストmenuに、値段をタプルpricesにしました[*1]。リストとタプルはよく似ていますが、その違いはまず記述の仕方が異なります。重要な違いなので、強調しておきます。

リストは角カッコ（[　]、ブラケットともいう）で全体を囲む。
これに対して、タプルは丸カッコ（(　)）で全体を囲む。

どちらも各要素はカンマ(,)で区切ります。リストもタプルもイテラブルなので、for in文で要素を順に取り出すことができます。短いコードなので、コード5-4に続けて以下のようなコードを記述し、実行してみてください。

＊1　このプログラムは、本章のサンプルプログラムdata_struct_01.pyとして、この後で解説するコードも含めた最終形として提供していますが、少しずつ解説していくので、ぜひご自分で入力してプログラミングしてみてください。

```
for cuisine in menu:
    print(cuisine)

for pri in prices:
    print(pri)
```

上記のコードを実行すると、以下のようにターミナルに出力されます。

```
カレーライス
ハヤシライス
親子丼
カツ丼
天丼
700
750
650
800
1000
```

リストとタプルはシーケンス型なので、インデックスで各要素にアクセスできます。

```
print(menu[1],prices[1])
```

上記のコードを実行すると、以下のようにターミナルに出力されます。

```
ハヤシライス 750
```

また、リストとタプルはシーケンス型なので、スライス操作ができます。

```
menu_01 = menu[2:]
print(menu_01)
prices_01 = prices[:3]
print(prices_01)
```

コード5-4で定義したリストとタプルに対してこのコードを実行すると、以下のようにターミナルに出力されます。

```
['親子丼', 'カツ丼', '天丼']
(700, 750, 650)
```

リストとタプルはとても似ていますが、用途は異なります。その特徴をまとめておきます。

表5-1　リストとタプルの比較

リスト	タプル
・角カッコ([ ])(ブラケットとも言う)で全体を囲む	・丸カッコ(( ))で全体を囲む
・各要素はカンマ(,)で区切る	・各要素はカンマ(,)で区切る
・インデックス(番号)で要素にアクセスする	・インデックス(番号)で要素にアクセスする
・データ型を混在できる	・データ型を混在できる
・要素の書き換えができる(ミュータブル)	・要素の書き換えができない(イミュータブル)

まだ確かめていない特徴を、プログラムで確認していきましょう。リストとタプルはともにデータ型を混在できるという特徴を持っています。

```
menu = ["カレーライス","ハヤシライス",650,"カツ丼","天丼"]
prices = (700,750,"親子丼",800,1000)
```

上記のように、文字列型と整数型を混在させたりすることができます。次が重要な相違点です。

> **リストは要素の書き換えができる。この特徴を「リストはミュータブルである」という。これに対し、タプルは要素の書き換えができない。この特徴をタプルはイミュータブルであるという。**

タプルの書き換えはエラーになる

この違いをプログラムで確認しましょう。リストは初期化したあとに変更できます。次のように要素を変更したり、削除したり、追加することができます。短いコードなので、自分でファイルを新規に作成して、コーディングしてみてください。

```
menu = ["カレーライス","ハヤシライス","親子丼","カツ丼","天丼"]
menu[2] = "ボルガライス"
print(menu)
```

これを実行すると、print関数で変更後のリスト変数menuは次のように出力されます。

```
['カレーライス', 'ハヤシライス', 'ボルガライス', 'カツ丼', '天
丼']
```

最初にリスト変数menuを初期化したときには、インデックス番号2の要素は親子丼でした。これを「ボルガライス」に書き換えるという処理ができました。

タプルで同じ処理をしようとするとどうなるでしょうか。

```
prices = (700,750,650,800,1000)
prices[2] = 680
print(prices)
```

2行目のコードで、タプル変数pricesの3番目の要素prices[2]を650から680に変更しようとします。でも、このプログラムを実行すると

```
TypeError: 'tuple' object does not support item
assignment
```

というエラーが発生し、書き換えることができません。このエラーは「タプルの要素に値を代入することはできない」というエラーです。このようにタプルは値の変更や削除、追加ができません。

では、後から値の変更や要素の追加ができる便利なリストばっかり使おうと考えるのは現在のプログラミングの考え方では間違いです。値を変更するものと変更しないもの、もしくは変更させたくないものを明確に分類してプログラミングするためにリストとタプルを使い分けましょう。

リストと文字列

文字列とリストは文字列のメソッドを使って、簡単に行ったり来たりできます。実際のプログラムで試してみましょう。

コード5-5　文字列をリストに変換するプログラム

```
str_stations= """\
東京,有楽町,新橋,浜松町,田町,品川,大崎,\
五反田,目黒,恵比寿,渋谷,原宿,代々木,新宿,新大久保,\
高田馬場,目白,池袋,大塚,巣鴨,駒込,田端,\
西日暮里,日暮里,鶯谷,上野,御徒町,秋葉原,神田\
```

```
06  """
07
08  lst_stations = str_stations.split(",")
09  print(lst_stations)
10  str_stations_new = ",".join(lst_stations)
11  print(str_stations_new)
```

1行目で文字列str_stationsに、山手線の駅を文字列として宣言しました[*2]。宣言する文字列は、第2章で出てきたトリプルクォートを使って記述しています。

この変数に対して、文字列(strクラス)のメソッドを使ってみましょう。8行目のsplit()メソッドは引数に区切り文字(デリミタ)を指定して、文字列を分割し、リストとして返します。そのリストを9行目の

```
09  print(lst_stations)
```

で出力すると以下のようになります。

```
['東京', '有楽町', '新橋', '浜松町', '田町', '品川', '大崎',
'五反田', '目黒', '恵比寿', '渋谷', '原宿', '代々木', '新宿',
'新大久保', '高田馬場', '目白', '池袋', '大塚', '巣鴨', '駒
込', '田端', '西日暮里', '日暮里', '鶯谷', '上野', '御徒町',
'秋葉原', '神田']
```

駅名を要素とするリストができていますね。

逆にリストを文字列にするときは、文字列(strクラス)のjoin()メソッドを使います。

＊2　1～5行目の行末にあるバックスラッシュ(\マーク)はPythonの行継続子です。1～6行目には改行を入れていますが、この行継続子を末尾に入れておくことで、改行はされていても意味的には同じ行が続いていることを示します。

```
",".join(lst_stations)
```

のように

```
区切り文字.join(リスト)
```

と指定します。その結果を

```
11  print(str_stations_new)
```

とすると（11行目）、出力結果は次のような文字列になります。

```
東京,有楽町,新橋,浜松町,田町,品川,大崎,五反田,目黒,恵比寿,渋谷,
原宿,代々木,新宿,新大久保,高田馬場,目白,池袋,大塚,巣鴨,駒込,田端,
西日暮里,日暮里,鶯谷,上野,御徒町,秋葉原,神田
```

リストのメソッド

リストの話に戻りましょう。本章ではlen（文字列）について一度触れました。len関数では引数に指定した文字列の長さを返しました。実は、文字列も要素（文字）が並んでいるデータとして扱っています。このため、文字列に対してlen関数を実行すると、要素の数、つまり文字数を取得することができるのです。同様に、len関数をリストやタプルに使ってみましょう。それぞれの要素の数を知ることができます。

コード5-5で9行目以降に

```
len(lst_stations)
```

を実行すると28を返します。

lenは関数ですが、リストはlistクラスのオブジェクトですから、いろいろなメソッドが使えます。主なメソッドを見ておきましょう。

表5-2　リストのメソッド

メソッド	処理の内容
appendメソッド	リストの末尾に値を追加する
insertメソッド	リストの指定した位置に値を追加する
delステートメント（命令）	リストの特定の要素を削除する
popメソッド	リストの特定の要素を削除する
indexメソッド	リスト内で指定した値を持つ要素のインデックスを返す
sortメソッド	リストを並び変える
reverseメソッド	リストを逆順に並び変える
copyメソッド	リストをコピーする

ミュータブルなリストには、リストそのものを更新するメソッドがあります。たとえばappendメソッドはリストの末尾に値を追加します。insertメソッドはリストの指定した位置に値を追加します。たとえば、ここまでのプログラムの中で宣言したリストlst_stationsに対して、田町と品川の間に高輪ゲートウェイを追加するには

```
lst_stations.insert(5,"高輪ゲートウェイ")
```

とします。これで、最初の要素「東京」を0番目としたときの5番目に高輪ゲートウェイが追加されます。同じように、popメソッドにインデックスを指定して要素を削除することができます。indexメソッドを使うと、引数に指定した値がリストの何番目にあるかを知ることができます。

今の時点でのlst_stationsは

```
['東京', '有楽町', '新橋', '浜松町', '田町', '高輪ゲートウェイ
', '品川', '大崎', '五反田', '目黒', '恵比寿', '渋谷', '原
宿', '代々木', '新宿', '新大久保', '高田馬場', '目白', '池袋',
'大塚', '巣鴨', '駒込', '田端', '西日暮里', '日暮里', '鶯谷',
'上野', '御徒町', '秋葉原', '神田']
```

となっています。ここで

```
lst_stations.index("御徒町")
```

とすると27が返ってきます。

【実習】テキストをリストに読み込みExcelへ

麻美「せっかくここまで勉強したんだから、駅名を保存したテキストファイルを読み込んで、リストにして、Excelのシートに書き込んでってところまで作ってみようよ」

さくら「えっ、また難しそうですね」

麻美「簡単よ、簡単！ まず、テキストファイルに駅名を入力して、文字エンコーディングをUTF-8にしてstations.txtという名前で保存するわね」

さくら「えっ、最初からわかりません。文字エンコーディングって何ですか？」

センガク「ここ難しいから、僕が解説するね」

文字エンコーディングとは文字の符号化（エンコーディング）方式のことです。コンピューターで文字を扱うときのルールと思ってください。特に日本語を扱うときに重要です。文字に限らず、決められたルールに基づいて符号化することをエンコーディングと言います。

主な文字エンコーディングには、以下のようなものがあります。

表5-3　代表的な文字エンコーディング

指定する値	エンコーディング
utf-8	UTF-8
shift-jis	シフトJIS
euc-jp	日本語EUC
iso-2022-jp	JIS

データを作成するときの方式と、データを表示するときの方式が異なっていると、データを正しく表示できません。いわゆる文字化けの状態になります。

エンコーディングと混同しやすい言葉に文字コードがあります。文字コードとは文字に割り当てられたコードそのものです。具体的にはASCIIやJIS X 0201、JIS X 0208、JIS X 0213などです。

センガク「まあ、でもエンコーディングと文字コードの違いについては、昔はうるさく使い分ける人も多かったみたいなんですが、今ではそれほど厳密ではないので、だいたいこんな感じと覚えておいてください。」

麻美「では、プログラミングの実習に戻りましょう」

山手線の駅名をカンマ区切りで入力し、エンコーディングUTF-8でstations.txtという名前で保存したファイルがあります。

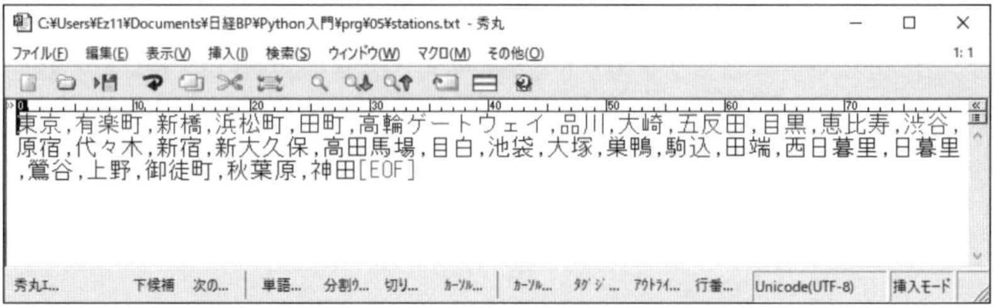

図5-5　**stations.txtの内容**

このファイルを読み込み、Excelシート上に駅名を書き込んでいくプログラムを考えると、こんなプログラムになります。

コード5-6　**テキストファイルの要素を一つずつExcelのシート上に展開するプログラム**

data_struct_02.py

```
from openpyxl import Workbook


with open("stations.txt", "r", encoding="utf-8") as f:
    lst_stations = f.read().split(',')

wb = Workbook()
ws = wb.active

i = 1
for sta in lst_stations:
    ws.cell(i, 1).value = sta
    i += 1

wb.save("stations.xlsx")
```

一見、いろいろなことをやらなければならないように思えたかもしれませんが、実はこのくらいの短いプログラムで実現できます。今回は、新規にExcel

ブックを作成するため、1行目でopenpyxlからWorkbookクラスをインポートしています。

すでにファイルにしてあるstations.txtから駅名を読み込んで、lst_stationsという名前のリストにしているのはwith文で始まる2行です（4〜5行目）。openはテキストファイルを開く関数で、その引数はファイル名、第二引数の"r"はモードです。モードは、rが読み込みでwが書き込み、追記のときはaを指定します。4行目末尾のas句で、このファイルにfという別名を付けました。fileのfのつもりです。

次の5行目の

```
f.read()
```

でテキストファイルを読み込みます。テキストだからsplitメソッドが使えるので、ファイルを読み込んで、カンマを区切り文字にして分解し、リストを作るところまで5行目で一気に処理します。プログラム内でテキストファイルをopen（オープン）したら、close（クローズ）する必要があるのですが、withを付けてファイルを開くと、ブロック内の処理が終わったときに勝手にクローズしてくれます。ファイルを開くときはwithを使うというのは、よく使うテクニックです。

7行目の

```
07  wb = Workbook()
```

で新規にExcelブックを作ったら、同時に作成されたシートをwsで扱えるようにします（8行目）。ブックを作成するか、開いたら、操作するシートを指定するコードも続けて書くのはクセにしてしまいましょう。

Excelデータを扱うときには多くの場合for in文で繰り返す処理を使います。このプログラムでは、リストから読み込んだ駅名をA列に上から1行ずつ入力する処理をしています。10行目の

```
10  i = 1
```

で開始行を指定し、5行目で作成したリストlst_stationsから要素を一つずつ

取り出して繰り返し処理をします（11行目）。

12行目の

```
cell(i, 1)
```

は（行、列）で示されたセルを表します。繰り返し処理によりiが1ずつ増えるので（13行目）、A列の1行目から縦に駅名（sta）が順に入っていくわけです。最後にこのデータをブックとして保存します（15行目）。これを実行すると、次のようなExcelデータが作成されます。

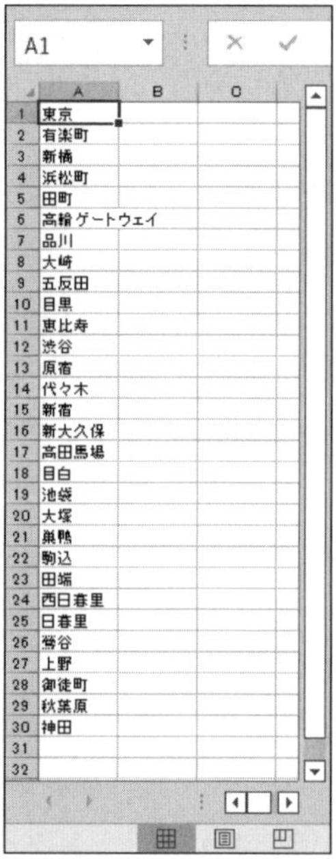

図5-6
コード5-6を実行して作られたstations.xlsx

麻美「ねっ、簡単でしょ？」

多次元のリストやタプル

リストやタプルはネスト（入れ子に）することができます。リストのリストやタプルのタプル、タプルのリストのように組み合わせこともできます。

たとえば、次のようにメニュー名とそれに対応する値段のリストを作成したとします。

```
menu = ["カレーライス","ハヤシライス","親子丼","カツ丼","天丼"]
prices = [700,750,650,800,1000]
```

これに続けて

```
print(menu[2],prices[2])
```

とすれば「親子丼 650」と表示することができます。しかし、menuリストとpricesリストはそもそも別のリストであり、両者の関係はプログラマーが作った関係で、このような設計にしたプログラマー自身にしかわかりません。他人から見れば「カレーライスが700円」かどうかは、コードを見る限り確信までは持てないのです。

でも、これを次のような二次元のリストにすれば、関係は密接になります。

```
menu_01 = [["カレーライス","ハヤシライス","親子丼","カツ丼","
天丼"], \
    [700,750,650,800,1000]]
print(menu_01[0][2],menu_01[1][2])
```

実行すると「親子丼 650」と出力されます。この二次元のリストでは、menu_01[0]に['カレーライス', 'ハヤシライス', '親子丼', 'カツ丼', '天丼']とメニュー名が入っており、menu_01[1]に値段が[700, 750, 650, 800,

1000]のように入っています[*3]。

ですから、2番目のインデックスを

```
menu_01[0][2]
menu_01[1][2]
```

のように同じ値にすれば、対応するメニュー名と値段を取得できるようになります。このコードを見た他のプログラマーは、「カレーライスが700円で、ハヤシライスが750円で…(以下略)」であることを読み取れます。

また、リストとタプルを組み合わせることもできます。たとえば、次のように一つのメニュー名と値段をタプルにして、リストの中に入れることができます。

```
menu_02 = [("カレーライス",700),("ハヤシライス",750),("親子
丼",650),("カツ丼",800),("天丼",1000)]
```

このようにすると、print(menu_02[1])は('ハヤシライス', 750)というタプルを出力します。print(menu_02[1][0],menu_02[1][1])とすると「ハヤシライス 750」のように出力します。このように組み合わせれば、「ハヤシライスが750円」であることは変更できない一方で、新しいメニューを開発したときに追加するのに支障はありません。

プログラムでリストを作成する

次にいろいろなリストをプログラムで作成する方法を見ていきましょう。ここでは数値のリストを作る方法として、①forループを使う、②range関数を使う、③リスト内包表記で作成する、の3通りを紹介します。

まずは①のforループを使ってリストを作成する方法です。ここでは5から始めて100未満の5の倍数を並べたリストを作ろうとしています。

*3　行継続子を入れて改行した次行のコードでは先頭にインデントを入れています。これは文法ではありません。可読性の観点から、前の行から続いていることがひと目でわかるようにするためです。

コード5-7　forループで数値のリストを作成するプログラム

data_struct_03.py

```
01  lst_01 = []
02  for i in range(5,100,5):
03      lst_01.append(i)
04  print(lst_01)
```

1行目の

```
01  lst_01 = []
```

はリスト変数lst_01の初期化です。2行目の

```
range(5,100,5)
```

は5以上、100未満の5の倍数を返します。この値（i）をリストのappendメソッドでlst_01に追加しています（3行目）。forループが終わったあとのprint(lst_01)の出力結果は、

```
[5, 10, 15, 20, 25, 30, 35, 40, 45, 50, 55, 60, 65,
70, 75, 80, 85, 90, 95]
```

のようになります。

これはもっと簡単に書けます。それが、②のrange関数を使う方法です。

コード5-8　**range関数を使って数値のリストを作るプログラム**

```
lst_02 = list(range(5,100,5))
print(lst_02)
```

list()でlistオブジェクトを生成するときに、引数にrange(5,100,5)とrangeオブジェクトを渡せば、コード5-7と同じリストを作ることができます。

③の内包表記（ないほうひょうき）を使う方法だと、リストをもっと簡潔に作成することができます。

リストの内包表記は

```
[式 for 変数 in イテラブルオブジェクト]
```

と書くのが基本の書式です。①や②で作成した5以上、100未満の5の倍数のリストだったら

```
lst_03= [i for i in range(5,100,5) ]
```

で生成できます。①に比べて簡潔に書けますが、内包表記は簡潔なだけでなく処理速度が速いと言われています。

実際に10万件のリストを生成する処理をforループと内包表記で記述し、なんどか処理時間を計測してみたところ、2〜3倍の処理速度の違いがありました。

また、リスト内包表記の中ではif文を使うこともできます。このため、②のrange関数を使う方法よりも、複雑な処理を記述できます。

```
lst_in = [2,6,11,67,55,12,9]
lst_04 = [i*i for i in lst_in if i%2]
print(lst_04)
```

このコードでは、2行目に記述した

```
if i%2
```

がポイントです。

for文によりlst_inから数値を順に取り出します。そのとき取り出したiについて

```
i * i
```

を計算するかどうかを、i%2、つまり2で割って余りがいくつかを判断します。i%2は余りがある（2で割るので余りは1）、つまりiが奇数のときにTrue（真）で、余りが0、つまり偶数の時はFalse（偽）と評価します。この評価がTrueのとき、つまりiが奇数のときに、iを2乗してlst_04に追加します。

このコードを実行すると、出力結果は

```
[121, 4489, 3025, 81]
```

のようになります。

ディクショナリはキーと要素の組み合わせ

最後にディクショナリ（辞書）について説明しておきましょう。これはマッピング（mapping）型のデータです。リストがインデックスつまりリストの並び順で要素を指定できるのに対し、key（キー）で要素を検索できます。辞書の一例を見てください。

コード5-9　**ディクショナリを使ったプログラムの例**

data_struct_04.py

```
01 dict_01 = {"カレーライス":700,"ハヤシライス":750,"親子丼":650,"カツ丼":800,"天丼":1000}
02 print(dict_01["ハヤシライス"])
```

1行目でディクショナリdict_01に初期値を与えています。ディクショナリは波かっこ（{　}）で全体を囲みます。ディクショナリの要素はキーと値の組み合わせです。

```
キー：値
```

と記述します。この例の場合、メニュー名がキーで、値段が値です。

```
dict_01["ハヤシライス"]
```

のような記述でキーを指定することで値を取得できます。2行目のprint関数は750を出力します。このとき、ハヤシライスのデータはdict_01の何番目に記述されていても関係ありません。あくまでキーであるハヤシライスで値を検索します。ここが、リストとの大きな違いです。他にも辞書の特徴についてまとめておいたので、リストやタプルと使い分けるときのヒントにしてください。

表5-4　**ディクショナリ（辞書）の特徴**

ディクショナリ（辞書）
・key（キー）と値の組み合わせで記録する ・波かっこ{　}（ブレース）で全体を囲む ・各要素はカンマ(,)で区切る ・キーで要素の値にアクセスする ・要素の書き換えができる（ミュータブル）

なお、ディクショナリもリストやタプル同様に入れ子構造にできます。ディ

クショナリの値がまたディクショナリになっていたり、あるいはリストやタプルだったり。また、リストやタプルの要素がディクショナリといった構造も可能です。

・・・・・・・・

今日のふりかえり

麻美「今日はどうだった？ さくらちゃん」

さくら「盛りだくさんで目が回りそうです。麻美先輩はどうやってこんなにたくさん覚えたんですか？」

麻美「そりゃ、毎日、毎日、繰り返し少しずつよ」

さくら「はあ……、もう挫折しそうです」

麻美「あと3日で研修は終わりだから、もう半分以上勉強したのよ。全部わからなくてもいいから、大事なところだけ覚えておいてね」

さくら「わかりました。今日の内容も何とかまとめておきます」

- 文字列（str）、リスト（list）、タプル（tuple）、レンジ（range）、ディクショナリ（dict）はイテラブル
- 文字列やリスト、タプル、レンジはシーケンス型
- シーケンス型はインデックスを指定して、要素にアクセスできるし、スライスも使える
- リストはミュータブルなのであとで変更できる
- タプルはイミュータブルなので変更できない
- ディクショナリはkeyで要素にアクセスできるマッピング型
- リストやタプルは多次元にできる（ディクショナリも！）

研修 6 日目

関数を活用する

センガク「さくらクン、もっと関数使おうよ！」

新入社員の川岸さくらの作ったプログラムをレビューしていたセンガクが珍しく大きな声を出します。

さくら「えっ、関数ですか」

センガク「そう、関数。たとえば、ここにif文でどちらの変数の値が大きいか比較して、大きい値を金額の計算に使っているじゃん。これ、こんな風に書かなくてもmax関数使えば一発だよ」

センガクは実際にプログラムを変更してみせます。

コード6-1　さくらが作っていたプログラム

max_01.py

```
unit_price_01 = 1500
unit_price_02 = 1650
amount = 120

if unit_price_01 > unit_price_02:
    price = unit_price_01 * amount
else:
    price = unit_price_02 * amount

print(price)
```

コード6-2　**センガクがmax関数を使って書き直したプログラム**

max_02.py

```
unit_price_01 = 1500
unit_price_02 = 1650
amount = 120

price = max(unit_price_01,unit_price_02) * amount
print(price)
```

実行すると、どちらのプログラムも198000を出力します。

さくら「そんなに違うようには見えませんが、どうしても関数を使わなきゃだめですか?」

センガク「自分でロジックというか、どうやって処理するかを考えるのは良いことだけど、プログラミング言語に用意されている関数を使いこなすことも大事だよ。今みたいに2個の変数からどっちか値の大きい方を返すだけの処理なら関数を使わなくても簡単だけど、たとえば、比較対象の単価を表すunit_priceが_01、_02の2個だけじゃなく3個だったり、5個だったりしたら、どうする?」

さくら「わかりました、わかりました。今は2個ですけど、max関数を使うように直します」

麻美「皆さん、さくらちゃんにしては珍しく不機嫌でしょ。これをプログラマーの反抗期というの。ってわたしが作った言葉だけどね。もっとプログラマーとして経験を積むと他人の言うことをアドバスとして受け入れられるようになるんだけど、経験の浅いうちは、自分の作ったプログラムを直すように言われると、苦労して作ったのに、またうまく行かなくなるんじゃないかと不安に感じて過剰に拒否反応をしてしまうの。簡単に言うと、自信がない訳ね。えっ、どうしてわかるかですって。そりゃ、わたしがそうだったからよ」

センガク「さくらクン、聞いてくれよ。max関数は複数の引数の中から最大の値を返すんだ。だから例えば、比較対象のunit_priceが3個だったら、こんな風に書けるんだ。」

コード6-3　複数ある数値から最大値を求めるプログラムの例

max_03.py

```
# #コード（コード）
unit_price_01 = 1500
unit_price_02 = 1650
unit_price_03 = 1480

amount = 120

price = max(unit_price_01,unit_price_02,unit_
price_03) * amount
print(price)
```

このプログラムを実行すると、同じように198000を出力します。

センガク「比較する値が3種類になっただけで、これをif文による条件分岐で判断するのは大変だろ。そして、もっとunit_priceの数が多かったら、リストかタプルにするといいんだ。昨日やったリストやタプルは覚えているよね？」

コード6-4　タプルを使って複数の数値から最大値を探すプログラムの例

max_04.py

```
unit_price = (1500,1650,1480,1760,1120)

amount = 120

price = max(unit_price) * amount
print(price)
```

このプログラムを実行すると、211200を出力します。

センガク　「こんな風にmax関数はイテラブルの中で最大の要素、または2個以上の引数の中で最大のものを返すんだ。覚えておいて損はないだろ」

さくら　「ふーん。そうですか」

麻美のオススメ

コードレビューをしましょう

さて、さくらちゃんはあまり素直になれないようだけど、書いたばかりのコードにはバグ（プログラムの間違いや潜在的な欠陥）があることが多いのよ。誰か他の人にコードを読んでもらうと（これを査読っていうんだけど）潜在的な欠陥が見つかるだけでなく、コードを書く側も書き方に気を配るようになり、コードの可読性が高まるのね。可読性ってまた難しい言葉ね。読みやすくなるってこと。また、チームでプログラムを開発しているケースでは、コードの質や書き方、この書き方の決め事をコーディング規約なんて言うんだけど、それを統一することができるわけ。まあ、人に見られて恥ずかしかったり、キツい指摘にムッとするかもしれないけど、プログラミングがメキメキ上達するのは間違いないわよ。

組み込み関数を活用する

ここまで何気なく関数を使ってきました。そこに大した疑問もなく読み進めてきた人も多いでしょう。では、関数とは何ですか？ 意外と説明できない人も多いのではないでしょうか。ここで関数についてきちんと理解しておきましょう。

関数とは、何らかの値を受け取り、加工した結果を返すものです。この受け取る値のことを引数（ひきすう）といいます。また、関数が返す値のことを戻り値、もしくは返り値といいます。中にはその機能により、引数を受け取らない関数や戻り値を返さない関数もあります。

関数にはあらかじめプログラミング言語が用意しているものがあります。プログラミングする際、特に何か必要になる手順はなく、使いたい関数をそのままコードに記述することができます。一方、関数は自分で作成することもできます。関数を作成することを「関数を定義する」といいます。

ここではまず、オリジナルの関数を自分で作成するのではなく、プログラミング言語に用意されている関数を活用するところからやってみましょう。あらかじめ言語に組み込まれているので、これらの関数を「組み込み関数」といいます。

本書では、これまでにもすでにいくつかの組み込み関数を見てきました。その一例であるprint関数は引数を1個以上n個[*1]受け取り、出力します。

実際に引数がターミナルに出力される様子を紹介しましょう。よりわかりやすい関数の例がint関数です。int関数は文字列や浮動小数点数を引数として受け取り、整数を返します。

＊1　n個とは「何個かはわからないけど複数ある」ことを示しています。

```
PS C:\Users\Ez11\Documents\日経BP\Python入門\prg\06> pytho
Python 3.10.0 (tags/v3.10.0:b494f59, Oct  4 2021, 19:00:18
4)] on win32
Type "help", "copyright", "credits" or "license" for more
>>> int(12345)
12345
>>> int(123.45)
123
```

図6-1　int関数の実行例

ターミナルでPythonを起動した状態で、プロンプトに続けて

```
int(12345)
int(123.45)
```

と入力した結果です。先に入力したほうは、引数が12345ともともと整数なので、そのまま返ってきています。一方、次に入力したほうは引数が123.45と小数です。int関数が整数部分だけ取り出した結果、戻り値として123が出力されました。消費税を計算して1円未満が生じる可能性があるといった場面でint関数を使えば、請求金額を簡単に求められます。

この処理を、int関数を使わずに自分でコーディングするとしたら……。勉強にはなりますが、仕事になりませんね。用意された関数を活用するメリットをイメージできたのではないでしょうか。

合計、最大値、最小値などを求める関数

さて、関数はExcelにもありますね。なので「関数」という言葉には慣れている人も多いでしょう。ここでちょっと寄り道をして、見慣れた関数の使い方をExcelで確かめておきたいと思います。

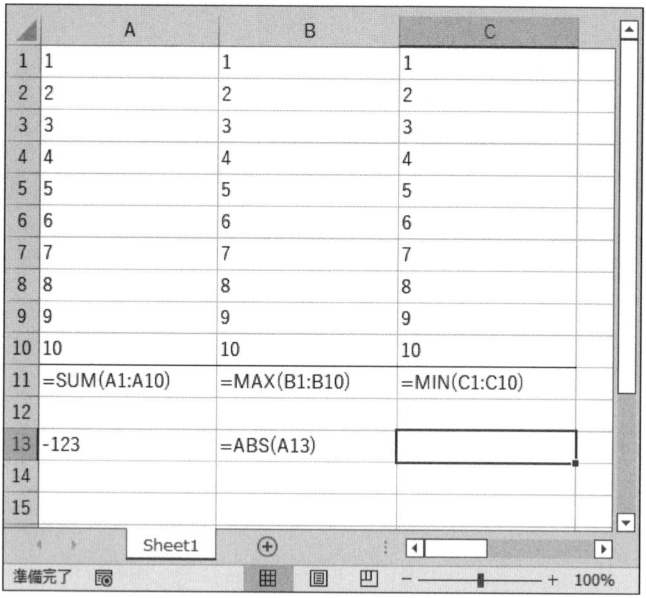

図6-2　数式を設定したシートで、計算結果から関数式に表示を変えたところ

これは値と数式が設定されたシートです。通常は数式を入力したセルでは計算結果が表示されますが、[数式] タブの[数式の表示] ボタンを押して、関数式そのものを表示させました。セルA11には=SUM(A1:A10)とSUM関数が入力されています。ご存じのようにExcelの関数は引数にセル範囲を取ることができます。セルB11には=MAX(B1:B10)とMAX関数が入力されており、セルC11には同様の範囲を引数にしたMIN関数が入力されています。

値の表示に戻して計算結果を見ると、セルA11にセルA1からA10までの合計が入っており、セルB11にセルB1からB10までの最大値10が入っています。セルC11には、セルC1からC10までの最小値が入っていることがわかります。

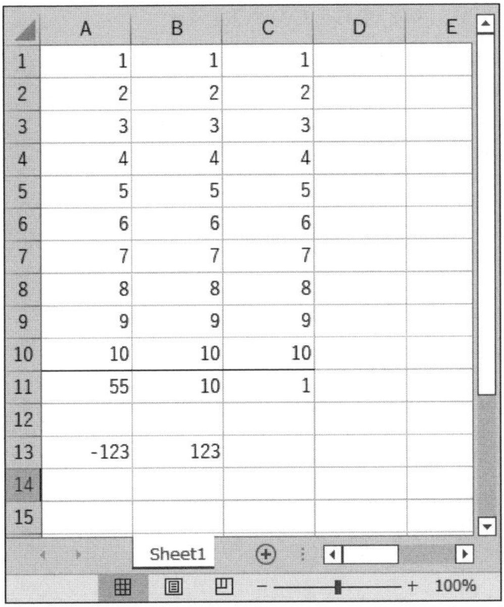

	A	B	C	D	E
1	1	1	1		
2	2	2	2		
3	3	3	3		
4	4	4	4		
5	5	5	5		
6	6	6	6		
7	7	7	7		
8	8	8	8		
9	9	9	9		
10	10	10	10		
11	55	10	1		
12					
13	-123	123			
14					
15					

図6-3　**数式から計算値に表示を戻したところ**

また、セルB13には123と-123の絶対値が入っています。これは絶対値を求めるABS関数の処理結果です。

これらの関数については、Pythonにも同等の関数があり、動作もほぼ同じです。引数の指定のやり方が違うだけと言ってもよいでしょう。プログラムで見て行きましょう。

コード6-5　**与えられた数値の合計を求めるコードの例**

calc_01.py（部分）

```
tpl_01 = (67,98,72,56,90)
sum_01 = sum(tpl_01)
print(sum_01)
```

sum関数は引数に渡されたイテラブルの合計を計算します。引数にはリストやタプルを指定します。このコードは処理結果として383を出力します。このサンプルコードではわかりやすくするために変数sum_01に合計を求め、print関数で出力していますが、print(sum(tpl_01))のようにsum関数の戻り値を直接print関数の引数に指定することもできます。

同じプログラムの続きを見ていきましょう。最大値と最小値の計算をしています。

コード6-6　与えられた数値の最大値、最小値を求めるコードの例

calc_01.py（部分）

```
09 a = 11
10 b = 22
11 c = 33
12 lst_01 = [-1000,-100,-10,1,10,100,1000]
13 ma_01 = max(a,b,c)
14 print(ma_01)
15 print(max(lst_01))
16
17 mi_01 = min(a,b,c)
18 print(mi_01)
19 print(min(lst_01))
```

最大値を取得するmax関数の使い方はすでに説明しましたが、最小値を取得するmin関数とともにもう一度、見ていきましょう。この部分の実行結果は次のようになります。

```
33
1000
11
-1000
```

max関数は2個以上の引数の中で最大の値、もしくはイテラブルの中で最大の要素を返します。13行目で11、22、33の中から33を返し、リストである[-1000,-100,-10,1,10,100,1000]の中から1000を返していますね（15行目）。min関数は逆に最小値を返します。同じデータの中から11と-1000を返しています。

絶対値やべき乗の計算をする関数

他にもゼロからコーディングするには面倒な演算を代わりにやってくれる関数を紹介しましょう。まずは絶対値を求めるabs関数です。

コード6-7　絶対値を求める関数を使ったプログラムの例

calc_01.py（部分）

```
print(abs(-111))
print(abs(222))
```

abs関数は引数を一つ受け取り、絶対値を返します。実行結果は以下のようになります。

```
111
222
```

次に取り上げるpow関数はべき乗です。第一引数（最初の引数のことです）を第二引数の数でべき乗を計算します。つまり次のコードは3の4乗を求めます（26行目）。

コード6-8　べき乗計算をする関数を使ったプログラムの例

calc_01.py（部分）

```
26  print(pow(3,4))
27  print(3**4)
```

べき乗は演算子**を使うと、3**4と書けます（27行目）。実行結果は当然同じで、

```
81
81
```

と出力されます。

端数を処理する関数

ビジネスでもよく使うのが「数字を丸める」という端数処理です。これにはround関数が使えます。消費税や値引きをするときなどに、1円未満が出てしまうことはありますよね。そういったときに値を丸めるときに使う関数です。

コード6-9　**数字を丸める関数を使ったプログラム**

calc_01.py (部分)

```
print(round(1.1))
print(round(2.1))
print(round(3.1))
```

round関数では、引数を一つだけ指定した場合は、整数に丸めます。上記のコードの実行結果は以下のようになります。

```
1
2
3
```

ただしround関数の場合、0.5の扱いに注意が必要です。round関数は「銀行型」丸めとも呼ばれる偶数丸めをします。

コード6-10　**round関数で0.5を丸める処理を検証するプログラム**

calc_01.py (部分)

```
print(round(1.5))
print(round(2.5))
print(round(3.5))
```

このコードの実行結果は、

```
2
2
4
```

となります。1.5や3.5は1とか3にはならず、最も近い偶数に丸められるわけです。このふるまいはint関数とは異なる点です。

Excel VBAのRound関数もPythonと同様の偶数丸めをしますが、Excelのシート上でROUND関数を使用した場合は結果が異なります。

E	F
1.5	=ROUND(E1,0)
2.5	=ROUND(E2,0)
3.5	=ROUND(E3,0)

図6-4　**ExcelのROUND関数を使った関数式**

このF列の計算結果を見てみましょう。

E	F
1.5	2
2.5	3
3.5	4

図6-5
ExcelのROUND関数による丸め結果

このように、ExcelのROUND関数は、Pythonのround関数のような偶数丸めはせず、四捨五入して端数を処理します。同名の関数でもプログラミング言語やソフトウェアによって動作が異なる場合があるので注意しましょう。

小数点以下をすべて端数と見なすのではなく、小数部を残すように桁数を指定して丸めるには、第二引数に小数点以下の桁数を指定します。たとえば

```
print(round(174.5735,2))
```

の結果は174.57になります。第二引数の2が小数点以下を2桁になるように丸めるという指定になるわけです。この第二引数に負の数を指定すると、整数部を丸めることができます。次のようなコードの場合、

```
print(round(174.5735,-2))
```

の結果は200.0になります。－2を桁の指定にすることで、10の位までを端数と見なした丸めになるためです。

わり算の商と余りを同時に求めるdivmod関数

ここまではExcelや他のプログラミング言語にも同じ名前で用意されているような関数を見てきました。このため、どのような演算をする関数なのか、イメージしやすいものもあったと思います。

ここからは、プログラミングに慣れていないとあまり見かけない関数が登場します。

まずdivmod関数を紹介しましょう。これはPythonらしい関数です。わり算の商と余りをタプルで返します。

```
print(divmod(46,7))
```

これを実行すると、

```
(6, 4)
```

と、結果がタプルで出力されます。これは「46÷7＝6あまり4」という、小学校のころのわり算にとても近い感覚の計算ができます。

様々な型変換に用意された関数

次は、型変換をする関数です。型変換は、実際のプログラムでも頻繁に出てきます。どのような関数をどのような場面で使うのか、ここで頭に入れておくと後々役に立ちます。

数字や小数を整数に変換するint関数

まずint関数です。これは文字列になっている数字や浮動小数点数を整数に変換します。使用例を見てください。

コード6-11　数字（文字列）を整数に変換するコードの例

cast_01.py（部分）

```
01  a = "10"
02  print(type(a))
03  int_a = int(a)
04  print(int_a)
05  print(type(int_a))
```

コードと出力結果を見比べながら、理解していきましょう。実行した結果の出力は次のようになります。

```
<class 'str'>
10
<class 'int'>
```

print関数による出力は3カ所です（2、4、5行目）。最初に出力された

```
<class 'str'>
```

は、"10"という文字列を代入した変数aをtype関数に渡した結果です。aはstrクラス（文字列型）であることがわかります。

int(a)で整数型に変換して変数int_aに代入して（3行目）、print関数の引数にして出力していますが（4行目）、ターミナル上には10と表示されるだけなので、これだけだと整数型か文字列型かは判断できません。そこで

```
type(int_a)
```

をprint関数で出力すると（5行目）、intクラスだと出力されているので整数型に変換されたことがわかります。

数値をブール型に変換するbool関数

他の型に変換するときの動作も見ておきましょう。次のコードは、整数をブール型にするコードです。

コード6-12　整数をブール型に変換するコードの例

cast_01.py（部分）

```
06  bool_a = bool(int_a)
07  print(bool_a)
08  print(type(bool_a))
```

このコードはコード6-11の続きです。ここからのコードではまず、bool関数で変数int_aをブール型（真偽値型）に変換して、変数bool_aに代入します（8行目）。これを出力するとTrueと表示されます（9行目）。

```
True
<class 'bool'>
```

数値を真偽値型に変換する場合は0以外がTrue、0はFalseになります。ここでは10をブール型に変換したので値はTrueになりました。10行目ではこの変数bool_aの型を調べています。出力を見ると、ブール型であることが確認できます。

整数を浮動小数点数型に変換するfloat関数

あらかじめ整数同士にしてから計算したり、データ型をそろえてから比較するといったように、確実なプログラミングには型変換が必要です。型をあいまいにしたままプログラミングするのはバグを生む温床になったり、チームで開発する際に混乱を招いたりする危険があります。このため、型変換のコードを記述する機会は、これからもたくさんあることと思います。

そこで、もっと別の型変換についても見ておきましょう。整数型への変換にはint関数を使うことは説明したので、次は浮動小数点数型への変換です。数値を浮動小数点数型に変換するにはfloat関数を使います。

コード6-13　整数型を浮動小数点数に変換するコードの例

cast_01.py（部分）

```
b = 123
float_b = float(b)
print(float_b)
print(type(float_b))
```

float関数は整数型や文字列型から浮動小数点数型に変換します。このコードを実行すると次のような出力になります。

```
123.0
<class 'float'>
```

9行目で123を代入された変数bは整数型です。これを浮動小数点数型に変換して変数float_bに代入し、これを出力します（10行目）。すると、123.0と.0が付いているので、浮動小数点型だとわかります（11行目）。type関数でもそのことを確認できます（12行目）。

数値を文字列に変換するstr関数

型変換の最後は文字列型への変換です。

コード6-14　数値を文字列型に変換するコードの例

cast_01.py（部分）

```
13 str_b = str(float_b)
14 print(str_b)
15 print(type(str_b))
```

str関数は文字列型に変換します。123.0を文字列型に変換してもprint関数による出力結果に違いはないため、出力だけでは見分けられません（13、14行目）。

```
123.0
<class 'str'>
```

そこで、type(str_b)で型を出力してみました（15行目）。これにより、変数str_bがstrクラス（文字列型）であることを確認できます。

知っていると便利なPythonの関数

ここまで、動作をイメージしやすいものを中心に、よく使う関数について説明してきました。でも、Pythonに用意された組み込み関数はもっとあります。そのすべてを取り上げることはできないので、Pythonならではの特徴的な関数の中から、機能と用途を覚えておくとプログラミングが大いにはかどるものをピックアップしてご紹介します。

イテラブルの扱いが得意なenumerate関数

enumerate関数が便利な理由は、イテラブルから要素の値とインデックスを同時に取得することができる点です。構文は次のようになります。

```
for インデックス, 値 in enumerate(イテラブル・オブジェクト):
```

サンプルプログラムで、どのような処理が可能になるのか見てください。

コード6-15　enumerate関数を使ったプログラムの例

enum_zip.py

```
menu = ["カレーライス","ハヤシライス","親子丼","カツ丼","天丼"]

for i,name in enumerate(menu):
    print(i,name)
```

リストであるmenuからインデックスと要素の値を取得しています。print関数の出力結果は以下のようになります。

```
0 カレーライス
1 ハヤシライス
2 親子丼
3 カツ丼
4 天丼
```

複数のイテラブルを同時に扱えるzip関数

zip関数は複数のイテラブルからタプルを生成します。複数のリストやタプルを同時に扱いたいときに使います。

```
menu = ["カレーライス","ハヤシライス","親子丼","カツ丼","天丼"]
prices = [700,750,650,800,1000]

for menu_one in zip(menu, prices):
    print(menu_one)
```

このサンプルではmenu_oneがタプルです。menu、pricesの二つのリストから、以下のようにタプルが生成されます。

```
('カレーライス', 700)
('ハヤシライス', 750)
('親子丼', 650)
('カツ丼', 800)
('天丼', 1000)
```

また次のコードのようにlist()の引数にzip関数の戻り値を渡すと、タプルのリストを生成できます。

```
lst_menu = list(zip(menu, prices))
```

このコードにより、変数lst_menuには

```
[('カレーライス', 700), ('ハヤシライス', 750), ('親子丼',
650), ('カツ丼', 800), ('天丼', 1000)]
```

のようにタプルを要素とするリストが作成されます。

これを応用すると、イテラブルの数に合わせた変数をforに続けて指定すれば、各イテラブルの要素をそれぞれ一つの値として同時に取得することができます。具体的には、次のコードのように記述します。

```
menu = ["カレーライス","ハヤシライス","親子丼","カツ丼","天丼"]
prices = [700,750,650,800,1000]
stars = [4,3,5,2,1]

for name, pri, star in zip(menu, prices, stars):
    print(name,pri,star)
```

このように三つのリストmenu、prices、starsの要素の値を、1行目のfor文で記述したように、それぞれname、pri、starの各変数に取得することができます。2行目のprint関数の出力結果は以下のようになります。

```
カレーライス 700 4
ハヤシライス 750 3
親子丼 650 5
カツ丼 800 2
天丼 1000 1
```

その他の組み込み関数については、以下のページを参照ください。

https://docs.python.org/ja/3/library/functions.html

このページはPythonの公式サイトのドキュメントなので、組み込み関数で何かを調べるときに当たる資料としては“原典”にあたります。ぜひこうしたページがあることを頭に入れておきましょう。

自分で自由に定義できるユーザー関数

これまで、いろいろな組み込み関数を見てきましたが、組み込み関数はどんなプログラムでも必要になるだろうという、プログラマーから見れば一般的な目的の関数がほとんどです。そうした汎用的な関数だけでは、作成するプログラムの目的、たとえば自分の部署の売上集計だったり在庫管理だったりといった目的のためには、ぴったりハマるものが見つからないかもしれません。「もう少し、こういう処理もやってくれたらいいのに」とか「こんな感じのデータも扱ってくれたら……」と不満を感じることもあるでしょう。

組み込み関数にしっくりくるものがなかったときのために、プログラミング言語の大半は自分で関数を作ることができるようになっています。この関数を作ることを「関数を定義する」といいます。一つのプログラムの中に何度も同じような処理が繰り返し出てくるといった場合は、その処理をするコードを関数にしておきましょう。そうすることで、プログラム全体の記述をシンプルにできます。また、複雑な処理を単純な処理の組み合わせにするために、一部分を切り出して関数にすることもあります。コードが長くなりそうなとき、つまり行数が多くなりそうなときに、その中の一部の処理を関数にして別立てで記述すると、メインの処理の記述を簡素にするといった工夫ができます。関数を活用することにより、プログラムをシンプルに保つこともできます。

関数の定義は、次のような構文で記述することになっており、defで書き始めます。

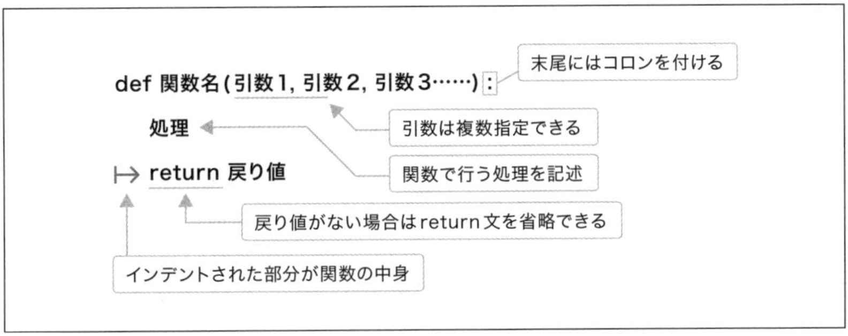

図6-6　関数定義の基本構文

次に関数名を決めて、引数を必要な数だけ指定します。引数が必要ないときは省略できます。関数定義で指定する引数を「仮引数」といいます。関数を実際に呼び出すときに指定する引数を「実引数」といいます。本書ではここまで関数を利用する場面では、「引数」と説明してきました。これは関数を呼び出すときの引数なので、正確には「実引数」のことを指していました。一方「仮引数」は関数を定義するときに使う引数のことで、関数を定義する際に「ボク（関数）はこんな値を受け取るのだよ」と表明するものです。英語ではどのように表現するかというと、仮引数はformal parameter、実引数はactual parameter（もしくはargument）といいます。

def文はコロンで終わります。その次の行から具体的な処理を記述します。def文に続く行では必ずインデントします。そのうえで関数の中身、処理内容を記述します。コロンで終わったあとの行でインデントするのは、繰り返し処理のforや条件分岐のifのときと同じです。

関数定義の最後の行では、

```
return 戻り値
```

と、return文で関数が返す戻り値を記述します。戻り値を返さず、ただ処理のみを行う関数の場合はreturn文は省略できます。

実際の関数定義の例として、次のコードを見てください。

コード6-16　任意の消費税率で税額を計算する関数のコード例

def_func_01.py

```
01 def get_tax(price,rate):
02     tax = price * rate / 100
03     return int(tax)
04
05 tax_01 = get_tax(25600,10)
06 print(tax_01)
```

ここではget_taxという名前の関数を作成しました（1〜3行目）。インデントされている部分が関数の中身です。get_tax関数は金額と10とか8といったパーセンテージを整数で消費税率として受け取り、金額×消費税率÷100で税額を計算して（2行目）、その結果をint関数で整数にして戻り値として返します（3行目）。

この関数を呼び出す際に

```
tax_01 = get_tax(25600,10)
```

と記述しました（5行目）。この記述の25600と10が実引数です。それぞれ金額と消費税率の値です。変数tax_01に消費税額を代入して、print関数で表示しています。実行すると2560とターミナルに出力されます。get_tax関数は引数を受け取り、戻り値を返す関数です。

引数にはデフォルト値（既定値）を設定することもできます。たとえば、現在の消費税率は10%なので、これをデフォルト値（初期値）とします。そのときは

```
rate = 10
```

と仮引数の記述のところで指定します。コード6-16で初期値を10と設定した場合、defブロックの記述は次のようになります。

```
def get_tax(price,rate = 10):
    tax = price * rate / 100
    return int(tax)
```

このように関数を定義すると、この関数を呼び出す際に

```
tax_01 = get_tax(25600)
```

と、rateを省略した記述が可能になります。そのときは10%で消費税額を計算し、

```
tax_02 = get_tax(25600,8)
```

のように指定したときは、第二引数で指定された消費税率で計算します。

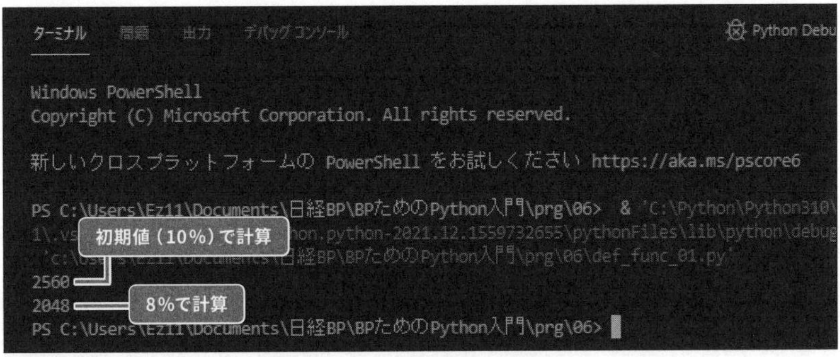

図6-7　第二引数を省略した場合と8を指定した場合の実行結果

次に戻り値を返さない関数も作ってみましょう。

コード6-17　**戻り値を返さないユーザー関数の例**

def_func_02.py

```
def say_hello(who,weather):
    print(f"こんにちは、{who}さん。今日は{weather}ですね。")

say_hello("太郎","良いお天気")
say_hello("次郎","寒い")
```

関数say_hello()は2個の引数を受け取ります。名前（who）と今日の天気（weather）を文字列で受け取る想定です。そして、受け取った変数をf-string（f文字列）という仕組みで文字列の中に埋め込み、print関数で出力します。f文字列はクォートで囲んだ文字列の前にfもしくはFを付けると、その文字列中に{}で置換フィールド（値に置き換えられる項目）を配置することができる仕組みです。こうすることによりwho、weatherの値を文字列中に展開することができます。実行結果は次のようになります。

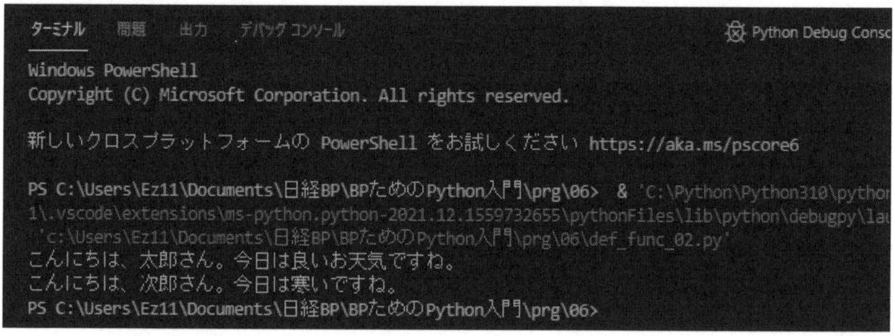

図6-8　**戻り値を返さない関数の実行結果**

say_hello関数にはreturn文がありませんので、戻り値を返さない関数です。戻り値を返さないというのはどういうことか。試しに、コード6-17の末尾に

```
a = say_hello("太郎","良いお天気")
print(a)
```

というコードを追加して実行してみましょう。このコードは、say_hello関数の処理結果を変数aで受け取り、print関数で出力します。さて、戻り値がない場合の出力はどうなるでしょうか。エラーになったりして？

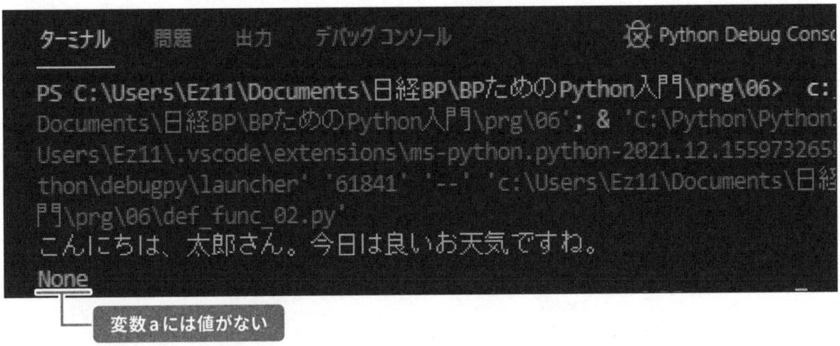

図6-9　say_hello関数には戻り値がないため、変数aには何も代入されていない

それでもエラーになることはありません。でも、関数の処理結果を代入してももともと戻り値がないので、代入する値がありません。このため変数aの値はなく、それを示すNoneが出力されています。逆に言うと、関数定義でreturn文を省略すると、戻り値としてNoneを返すととらえることもできます。

センガクのちょっと込み入った話

ラムダ式とは

ラムダ式って聞いたことがありますか？ lambdaってスペルなんで、日本人には覚えにくいですよね。lambda演算子を使って、式の形式で記述できる関数を定義することができます。

コード6-18　ラムダ式のコード例

lambda_01.py（部分）

```
def n_times(x,n):
    return x ** n
```

たとえば、このコードのようにn_times()のようにxをn乗する関数を定義したとします。そうすると

```
n_times(3,4)
```

は81を返しますね。

これと同じ処理は、lambda演算子を使うと次のように記述できます。

```
lambda_nt = lambda x,n: x ** n
```

そして、lambda_nt(3,4)として実行すると、81を返します。このようにlambda演算子を使うと、匿名関数（もしくは無名関数）を定義して利用することができるんです。書式は次のようになります。

```
lambda 引数1, 引数2, ... , 引数n : 引数を使う式
```

何となく「すっきり書けそう」という印象は持てたのでは？ でも、どんなときにラムダ式を使うとうれしいのかと思う人もいるでしょう。具体的なコードで見てましょう。

Pythonの組み込み関数にfilterという関数があります。

```
filter(function, iterable)
```

のように記述することで、引数のiterable（イテラブル）から、function（関数）がTrueを返す要素を抽出します。

次のコードは、このfilter関数を使った処理をdef文を使わず、ラムダ式で記述したものです。

コード6-19　ラムダ式で匿名関数を定義したプログラムの例

lambda_02.py

```
01  lst_01 = [8800,7800,9500,4300]
02
03  lst_02 = list(filter(lambda i : int(i*1.2) > 10000,
    lst_01))
04
05  print(lst_02)
```

たとえば、今あなたの会社では取り扱い商品の値上げを検討しているとしましょう。リストlst_01には各商品の現行価格が入っています（1行目）。そして、一律1.2倍に値上げしたいのですが、さすがに単価が1万円を超えてしまうような商品についてはそのまま値上げするかどうかはあらためて検討したい。そこで、1.2倍して1万円を超える商品をピックアップする作業をプログラムにやってもらおうというわけです。このときラムダ式を定義して

```
int(i*1.2) > 10000
```

がTrueを返すものだけをlst_02に抽出します（3行目）。

print関数でlst_02を出力すると、[8800, 9500]と抽出されていることがわ

かります（5行目）。このように簡単な関数ならラムダ式を使うことで、プログラムを簡潔にすることができます。関数を定義して呼び出すのに比べて、書くのも楽だし、コードを読むときも直感的に処理内容がわかりやすくなります。

今日のふりかえり

- プログラミング言語に最初から準備されている関数を組み込み関数という
- 関数を使えるところは、関数を使うこと
- 関数は引数を受け取り、戻り値を返す（そうでないやつもいる）
- defで自前の関数を定義できる
- 同じような処理を繰り返すときは関数にできないか考える（ようにする）
- ラムダ式は難しい（いや、センガク室長の説明が難しい）

さくら「……」

麻美「あら、さくらちゃん、まだご機嫌斜めみたいね。まあ、そんな日もあるか」

研修 7日目

例外処理で
エラーに備える

富井　「センガク、またエラーでプログラムが止まっちゃったぞ」
センガク　「えっ、また変なデータ入れたんでしょう。Excelのデータ見せてくださいよ」
富井　「ほら、これだよ」

富井部長がNAS（Network Attached Storage）のExcelブックを開いてみせます。

センガク　「ああ、これですよ。こんなところにこんな記号入れちゃだめですよ」
富井　「入力ミスがあったら止まるっていうのをなんとかしてくれないか。みんな忙しいから、入力ミスもあるんだよ」
麻美　「富井課長、今日は渋いですね。さすが営業２課長って感じですね」
富井　「ちゃかすな。麻美ちゃん」
センガク　「だとすると、処理前にチェック処理を入れてわかるようにするか、例外処理を充実させるかですね」
富井　「今日は素直じゃないか、センガク。忙しいとか後にしてくれとか言わないんだな」
センガク　「やっぱり、予想外のデータが入力されていても止まっちゃダメですよね。直します。その代わり、何日か待ってください」
麻美　「センガク室長、富井課長の依頼なのにやけに素直に引き受けたわね。どうしたの？」
センガク　「さくらクンの新人研修の７日目の課題なんだよ、例外処理。ちょうど良かった。さあ、始めるよ！さくらクン」

プログラムに例外処理を実装する

自分のやりたいことだけをプログラムに書けば良いのなら、プログラミングはもっと楽しい仕事かもしれません。残念ながら、本来の目的以外のコードもプログラミングする必要があります。例外処理はそんなコードの一つです。

プログラムの実行中にはいろいろなエラーが発生する可能性があります。たとえば、Excelのファイルを開くコードを実行したら、あるはずの場所（フォルダー）にファイルがなかったとか、Excelのシートにデータを書き込むコードを実行したときに、誰かがExcelでそのファイルをすでに開いていたなど、エラーの原因はいろいろあります。

例外処理はそのようなエラーが発生したときに素早く見つけ、対処するコードです。例外処理がないと、エラーが発生した時点でプログラムは突然、停止してしまいます。プログラムが例外処理に対応することで、プログラムを止めることなく、処理を続けることができるようになります。

自分が使うプログラムを自分が使うだけならば、こうした例外処理は手を抜いてもいいかもしれません。でも、センガクが富井課長率いる営業２課のために業務効率化プログラムを作ってあげたように、プログラムを他の人が使うようなケースもあるでしょう。そうした場合、プログラマーにとって想定外の操作や入力をユーザーがしてしまうことも考慮してプログラムを作る必要があります。エラーが出るたびに富井課長に怒鳴り込まれたんじゃ、センガクだって仕事になりませんからね。例外処理は使う人のためでもあり、見方を変えればプログラマーのためでもあります。

本章ではそうした例外処理について、どのようなエラーにどのような処理を作ればいいのかについてまとめています。

最も一般的なゼロ除算エラー

では、エラーってどのように出るのでしょうか。すべてのエラーを網羅することはできませんが、よくあるエラーの例をいくつかご紹介しておきましょう。最初に取り上げるのは、プログラマーにとって最も一般的なゼロ除算エラーです。

ゼロ除算エラーとは、わり算をするときに0で割ろうとしたときに起こるエラーです。0で割るという計算はできません。答えがないためです。スマホの電卓アプリでも、たとえば5÷0などを実行するとエラーになります。確かめてみてください。

では、このゼロ除算エラーを想定せず、例外処理をしないままだとどうなるでしょうか？ まずは例外処理をしていないプログラムを見てください。

コード7-1　ゼロ除算エラーに対応していないプログラムの例

except_01.py

```
01  while True:
02      price = int(input("金額は:"))
03      num = int(input("個数は:"))
04      print(f"一個{price // num}円です")
05      key_q = str(input("終了はQ:"))
06      if key_q.upper() == "Q":
07          break
```

このプログラムは1行目の

```
01  while True:
```

で無限ループを作ります。input関数で、金額と個数を入力してもらい（2〜3行目）、//で除算し（金額÷個数）、商を整数で取得します。この計算結果は、f文字列で文字列に埋め込み、print関数で出力します（4行目）。

次に「終了はQ:」とプロンプト文字列[*1]を出して、プログラムはユーザーからの入力を待ちます。ここでQが入力されたら、break文でwhileループを抜けます。Q以外が入力されたら繰り返しの最初に戻り、金額の入力を求める2行目が実行されます。

＊1　プロンプトは入力を促すという意味です。

ユーザー側から見ると、「金額は：」と聞かれるので金額を入力し、続いて「個数は：」と聞かれるので個数を入力します。すると、1個あたりの価格が表示され、「終了はQ：」というプロンプトが表示されるという順でプログラムとやり取りをすることになります。

6行目のif文では、key_qに入力された値を文字列のupperメソッドで大文字にしています。upperメソッドでkey_qの値を操作しているのは、ユーザーがQと入力する場合もあれば、qと小文字で入力する場合もあることを想定しているためです。ユーザーがqと小文字で入力しても、これを大文字に変換してQと比較することでwhileループを抜けられるようにするためです。もともと入力がQの場合はupperメソッドによる影響は受けないので、Qと比較する際に何の問題もありません。

入力値による動作の違い

プログラムの動作について、プログラマーがどのように想定したかという視点から見ていきましょう。

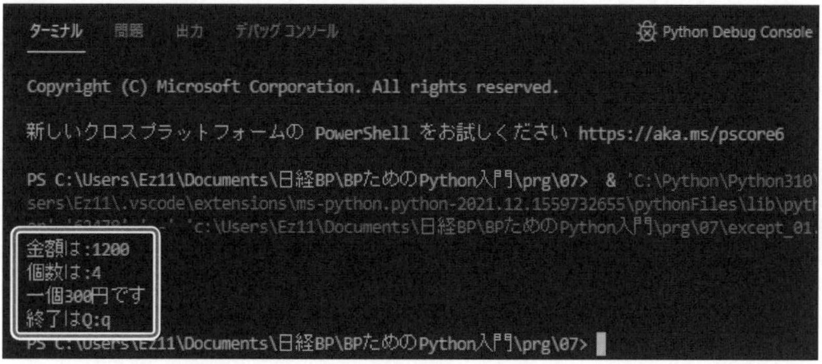

図7-1　**正しく1個の金額を表示した場合のプログラムの挙動**

ユーザーは「金額は:」のプロンプトに対して1200、「個数は:」のプロンプトに4と入力しました。その入力を計算した結果として「一個300円です」というメッセージが表示されています。

「終了はQ:」のプロンプトにqを入力したので、whileループを抜けてプログラムが終了しています。これはエラーが発生しない入力があった場合です。

エラーを発生させる状況で動作がどのように変わるか見てみましょう。0で除算することになるよう、個数の入力をゼロに変えてみます。

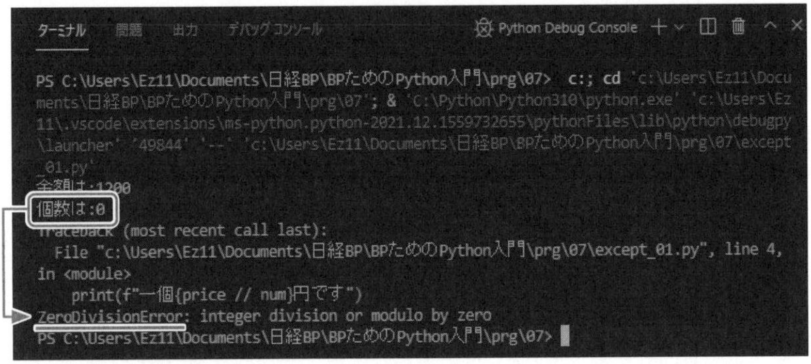

図7-2　**個数が0ではZeroDivisionErrorが表示された**

先ほどと同様「金額は:」のプロンプトに1200を入力しましたが、「個数は:」のプロンプトに今度は0を入力しました。すると、ZeroDivisionErrorが発生して、プログラムは終了します。このようにエラーでプログラムが終了することを異常終了ともいいます。異常終了は「バグった」とともにプログラマーが聞きたくない言葉の一つです。

別のエラーのパターンも見てみましょう。金額を入力するところで、間違えて数値ではなく文字を入力したら、どうなるでしょうか。

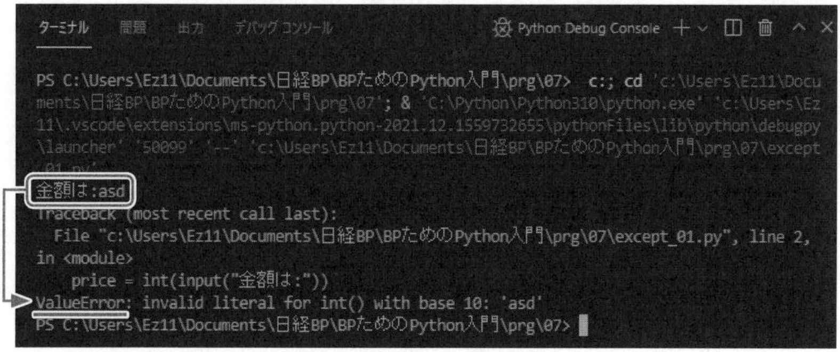

図7-3　**数値ではなく文字を入力したらValueErrorに**

これは、「金額は：」に対してasdと入力した場合です。int関数を使った処理のところでValueErrorになりました。文字列asdからは整数を取得できないためですね。asdではなく別の文字列、あるいは日本語を入力した場合でも同じです。

exceptで例外処理のコードを追加

このようなエラーが出てしまった場合でもプログラムが異常終了しないように、例外処理を記述します。

コード7-2　**コード7-1に例外処理を追加**

except_02.py

```
while True:
    try:
        price = int(input("金額は:"))
        num = int(input("個数は:"))
        print(f"一個{price // num}円です")
    except ZeroDivisionError:
        print("0で除算できません")
    except ValueError:
```

```
        print("数値を入力してください")
    finally:
        key_q = str(input("終了はQ:"))
        if key_q.upper() == "Q":
            break
```

例外処理では、エラー（例外）が発生しそうな箇所をtryブロックの中に入れます。ゼロ除算エラーが起きるのは

```
print(f"一個{price // num}円です")
```

の行でした。そこで、その行の直後にexcept文を挿入し、ここで例外を指定します。

exceptブロックには例外が発生した場合の処理を記述します。上記のコードでは、ZeroDivisionErrorが発生したときは、print関数で「0で除算できません」と表示するようにしました。

exceptはtryブロックの中で複数記述できます。そこで2番目のexceptとして、ValueErrorが発生したときの記述も追加しました。ここでは「数値を入力してください」と表示するようにしています。最後に記述したfinallyブロックに記述したコードは、例外が発生してもしなくても必ず実行されます。

このコードを実行してみましょう。

図7-4　except_02.pyの実行結果

このプログラムを実行して、「金額は:」のプロンプトにaaと入力すると、ValueErrorの例外がキャッチされて「数値を入力してください」と表示されました。

次にfinallyブロックが実行されて、「終了はQ:」とプロンプトが表示されました。ここで、Qやqを入力するとプログラムは終了し、それ以外のキーを入力するとwhileループ内の処理を繰り返します。

次の「金額は:」で1200、「個数は:」に0を入力すると、ZeroDivisionErrorの例外がキャッチされて、「0で除算できません」と表示されました。「終了はQ:」にEnterキーだけ押して、もう一度繰り返します。

「金額は:」に1200、「個数は:」は3、「一個400円です」と表示されたので、「終了はQ:」にqと入力してプログラムを終了しました。

このようにtryとexceptを使うと、発生した例外（エラー）をうまく処理することができます。

Excelファイルを扱うコードで例外処理

ここでPythonの例外処理をまとめておきましょう。基本となる構文は以下の通りです。

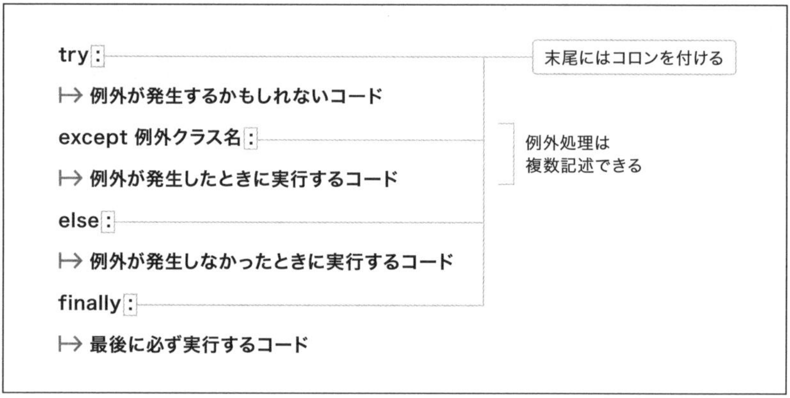

図7-5　例外処理の基本構文

このように例外はtry、except、else、finallyの各ブロックで構成されます。これまで見てきたコードのようにelseブロック、finallyブロックは省略可能です。

ファイルが見つからないときの例外処理

さてここで例外処理の例として、Excelファイルを開く処理で、あるはずのファイルがなかったら、どうなるか見ていきましょう。この場合、FileNotFoundErrorが発生します。

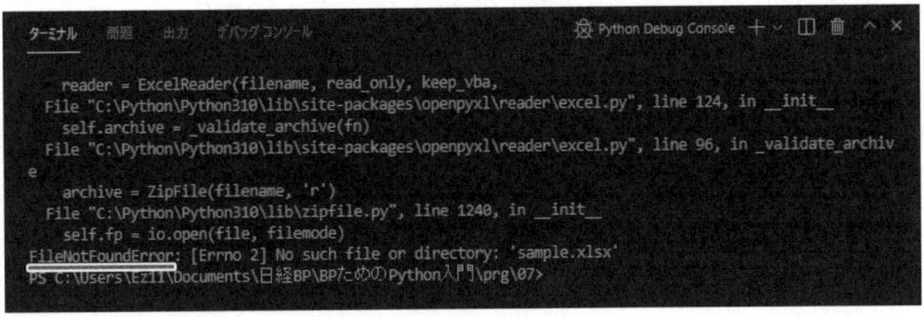

図7-6　**FileNotFoundErrorが発生したときのターミナル**

ここで起動したのは第2章で紹介したプログラムです（コード2-2のvariable_02.py）。このプログラムはsample.xlsxファイルがプログラムファイルと同じフォルダーに存在することを前提としています。

sample.xlsxファイルが存在しない状態でプログラムを実行すると、FileNotFoundErrorの例外が発生します。そこで、このプログラムにこのエラーが発生したときの例外処理を追加してみようと思います。

具体的にはFileNotFoundErrorが発生したときには「ファイルが存在しません」と表示するようします。同時に、例外が発生しなかったときの処理を、elseブロックに記述します。このプログラムでいうと、セルA1からA10の値を集計して、出力する処理です。

こうした処理に対応したプログラムは次のようになります。

コード7-3　**読み込むファイルのFileNotFoundErrorに対応したプログラム**

except_03.py

```
from openpyxl import load_workbook


try:
    wb = load_workbook( r "sample.xlsx")
except FileNotFoundError:
    print("ファイルが存在しません")
else:
    ws = wb.active
```

```
    sum_a = 0

    for row in ws["A1:A10"]:
        sum_a += row[0].value

    print(sum_a)
```

sample.xlsxファイルが存在しない状態でプログラムを実行すると、exceptブロックが実行されて「ファイルが存在しません」と表示されます。

図7-7　**FileNotFoundErrorではなく「ファイルが存在しません」と表示**

一方、sample.xlsxファイルがちゃんと存在する状態でプログラムを実行すると、セルA1からA10の値の集計結果である22を出力しました。このようにelseブロックを使って、例外が発生しなかったときに実行する処理を記述することができます。

図7-8　**正常に動作した場合は処理結果として22を表示**

「例外が発生しなかったときの処理」だからといって安心してはいけません。このサンプルプログラムでは、elseブロックに記述したコードにもエラーが発生する可能性を持つ記述があります。

あるはずのデータがないときの例外処理

プログラムはsample.xlsxのアクティブなシートであるsheet1のセルA1からA10には数値が入力されているという前提でsum_aに集計しています。でも、もしかするとシート上にはまだデータが未入力のセルもあり得ます。

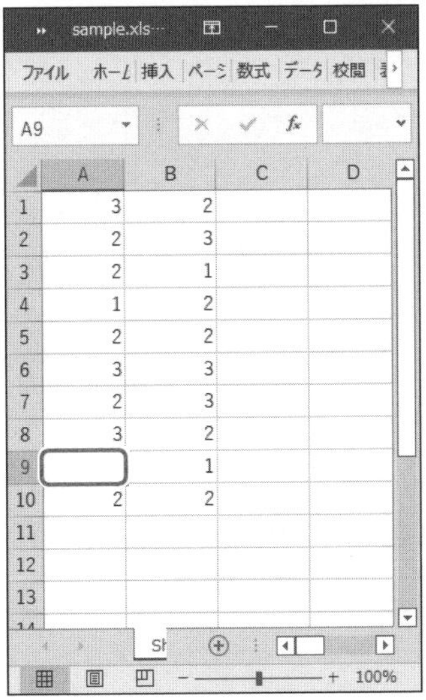

図7-9
A9のセルが入力されていない

今のプログラムのままでは、このように読み込むセル範囲に数値が入力されていないセルがあると、TypeErrorが発生します。

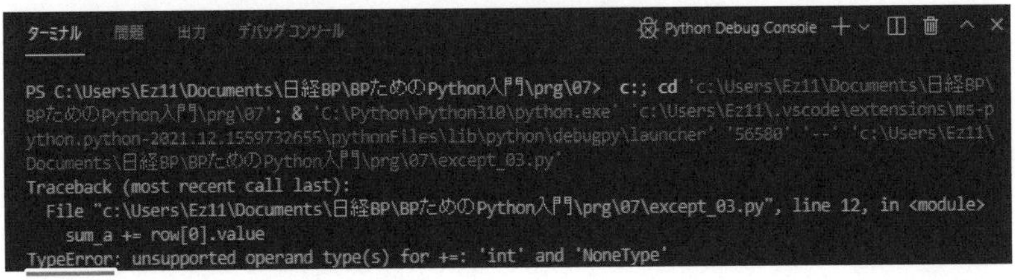

図7-10　**TypeErrorが発生したところ**

このTypeErrorに対応するために、sample.xlsxファイルを開く処理から、

print(sum_a)で集計結果を出力するまで、つまりもともとのプログラム（コード2-2のvariable_02.py）のimport文以外のコード全体をtryブロックに入れることにしました。そのうえで、発生する可能性のあるエラーに対する例外処理を記述します。

コード7-4　TypeErrorにも対応させたコードの例

except_04.py

```
from openpyxl import load_workbook


try:
    wb = load_workbook( r "sample.xlsx")
        ws = wb.active
    sum_a = 0

    for row in ws["A1:A10"]:
        sum_a += row[0].value

    print(sum_a)

except FileNotFoundError:
    print("ファイルが存在しません")
except TypeError:
    print("数値が入力されていないセルがあります")
```

数値が入力されていないセルがある状態で、プログラムを実行すると、「数値が入力されていないセルがあります」とprint関数で出力します。これによりプログラムの利用者にExcelファイルの入力に不備があることを伝えることができます。

図7-11 「数値が入力されていないセルがあります」と表示

エラーの詳細を取得して処理に生かす

ここまでは、どういうエラーが発生したのかについて、エラー名（例外処理のクラス名）のみを利用していました。でも、プログラムによっては同じエラーでも詳細な情報によって表示するメッセージや処理を変えたい場合が出てきます。そのような場合は

```
except 例外 as 変数:
```

として、例外オブジェクトを変数で受け取り、変数から例外の詳しい情報を取り出すことができます。

コード7-4（except_04.py）の14行目からの

```
14  except FileNotFoundError:
15      print("ファイルが存在しません")
```

というコードを

```
14  except FileNotFoundError as e:
15          print(e)
```

と書き換えてみてください。そのうえでsample.xlsxファイルが存在しない状態で実行すると

```
[Errno 2] No such file or directory: 'sample.xlsx'
```

と、より具体的なエラーの内容を取得できていることがわかります。もっともこのサンプルでは、プログラム中にsample.xlsxとファイル名を埋め込んでしまっていますから、「ファイルが存在しません」というメッセージに比べて、詳しい情報という感じはしませんが、どのファイルを開くかは、プログラムの実行中に決まるような場合もあるでしょう。そういったときには、この例外オブジェクト変数から得られる情報が役に立ちます。

書き込み時のエラーに対処する

次に、Excelファイルに値を書き込んで保存しようとしたら、例外が発生する場合の対処を考えていきましょう。まずは、この例外を想定していないプログラムを見てください。

コード7-5　書き出し時のエラーに無防備な状態のプログラム

except_05.py

```
from openpyxl import load_workbook


try:
    wb = load_workbook(r"sample.xlsx")
    ws = wb.active
    sum_a = 0

    for row in ws["A1:A10"]:
        sum_a += row[0].value
```

```

    ws["A11"] = sum_a
    wb.save("sample.xlsx")

except FileNotFoundError as e:
    print(e)
except TypeError:
    print("数値が入力されていないセルがあります")
```

今までのプログラムとは少し処理内容を変えています。これまではセルA1からA10の数値を集計し、その結果をprint関数で表示していましたが、このプログラムではsum_aの値をセルA11に書き込んで、ワークブックwbのsaveメソッドで、sample.xlsxに保存するようにしました。

問題なく実行できればセルA11の値が22になっているsample.xlsxを保存できます。

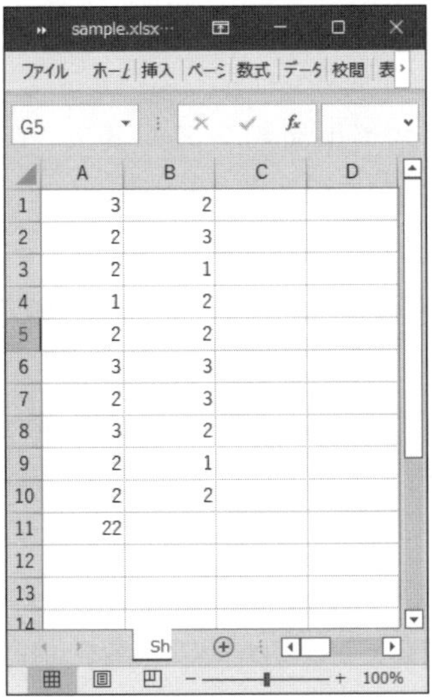

図7-12
プログラムがセルA11に22を書き込んだsample.xlsxを開いたところ

しかし、すでにExcelでsample.xlsxを開いているような場合、例外が発生します。自分自身がExcelで開いた張本人ならば、ブックを閉じればいいのですが、これがNAS（Network Attached Storage）やファイルサーバーの共有フォルダーにあるファイルだと他の人が開いている場合があります。その人がファイルを開いたまま席を外してしまって、いつまでもExcelで編集できないといった経験がある人もいるでしょう。“Excelあるある”の一つですね。Pythonプログラムでも同様に、他の人が開いていることの影響を受けます。データを読み取ることはできるのですが、同じファイル名で保存しようとするとエラーになります。

実際にどうなるか見てみましょう。Excelでsample.xlsxを開いた状態で、except_05.pyを実行してみます。

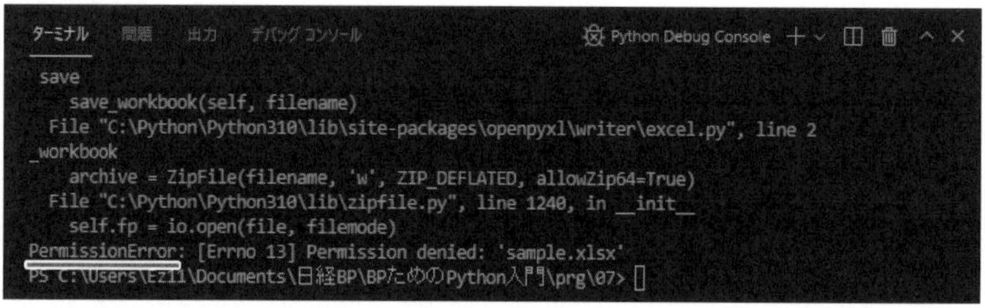

図7-13　PermissionErrorが発生

他のプログラム（Excel）でファイルを開いていると、このようにPermissionErrorが発生して、更新内容を保存できません。このサンプルプログラムのようにセルA11の値を一つ更新しただけなら、大してもったいない感じはしませんが、大量の計算や更新処理の後に保存できないと残念です。

PermissionError対策に別名で保存

そこで、PermissionErrorが発生した場合のコードを追加します。たとえば、読み込んだsample.xlsxに上書き保存するのではなく、別名を付けて保存するというのはどうでしょうか。とはいっても、単に別名を指定すればいいというものではありません。重複しないファイル名を付けるために少し工夫が必要です。この工夫は、様々な場面で応用できます。

コード7-6　PermissionErrorの際に別名でブックを保存するプログラムの例

except_06.py

```
from openpyxl import load_workbook
import os.path
import datetime


try:
    wb = load_workbook(r"sample.xlsx")
    ws = wb.active
    sum_a = 0

    for row in ws["A1:A10"]:
        sum_a += row[0].value

    ws["A11"] = sum_a
    wb.save("sample.xlsx")

except FileNotFoundError:
    print("ファイルが存在しません")

except TypeError:
        print("数値が入力されていないセルがあります")

except PermissionError as e:
    f_name , f_ext  = os.path.splitext(e.filename)
    file_name = f_name + datetime.datetime.now().
                  strftime("%Y%m%d_%H%M%S") + f_ext
    wb.save(file_name)
    print(f"{file_name}で保存しました")
```

先のプログラム（コード7-5）をもとに追加したコードはモジュールのインポート部分（2～3行目）と、23行目の

```
23  except PermissionError as e:
```

から始まる例外処理部分だけです。

ライブラリのインポートでは、ファイル名を分割するために、os.pathモジュールをインポートしています。次にdatetimeモジュールをインポートしています。これは、別名として重複しないファイル名を付けるために、日時をファイル名の一部としたいためです。

では、肝心の例外処理である24行目以降のコードを見ていきましょう。まず24行目を見てください。

```
24          f_name , f_ext  = os.path.splitext(e.filename)
```

os.pathのsplitext関数は、パスを拡張子とそれ以外に分割します。e.filenameのeは、23行目でas eとしたもの、つまり発生したPermission Errorオブジェクトです。そのfilenameプロパティなので、e.filenameで書き出そうとしたsample.xlsxが取り出せます。これをsplitext関数で分割し、拡張子を除くファイル名をf_nameに、拡張子をf_extに代入しています。具体的には、それぞれf_nameの値が「sample」に、f_extが「.xlsx」になります。

25行目は、新しいファイル名がさらに他のファイルと重複しないようにして保存するための処理です。

```
25          file_name = f_name + datetime.datetime.now().
                              strftime("%Y%m%d_%H%M%S") + f_ext
```

ユニークな（ここでは「重複しない」という意味です）ファイル名を付けるために、datetimeモジュールのdatetimeクラスのnowメソッドを使います。このメソッドにより、メソッドを呼び出した時点の日時を取得します。

この説明を読んで、これまでの説明との違いに違和感を持たれた方もいるのではないでしょうか。そんなあなたは大変鋭い！ メソッドと関数の違いを説明

したときに、クラスのメソッドはオブジェクトを生成しないと実行できない。それに対して関数はいきなり使えるから、見分けが付くと説明しました。しかし、このdatetimeクラスのnowメソッドはdatetime.now()とオブジェクトを生成することなく呼び出せます。このようなメソッドをクラスメソッドと呼びます。ただしこうなると、モジュール名.関数()という関数呼び出し、つまり、上の行のpath.splitext()と見分けて、どちらがクラスメソッドでどちらが関数かを区別することは難しいです。しかし、利用するだけなら、クラスメソッドの呼び出しか関数の実行かはそんなに気にする必要はないでしょう。

こうして作成された日時をstrftimeメソッドにより

```
"%Y%m%d_%H%M%S"
```

という書式（フォーマット）を指定して、文字列化しています。strftimeメソッドは日時の値を文字列にするメソッドです。この文字列を、f_nameとf_extの間に挿入するように連結してファイル名（file_name）とします。そのファイル名でsave()して（26行目）、print関数でファイル名を示して、別名で保存した旨のメッセージを表示します（27行目）。

sample.xlsxをExcelで開いた状態で、このプログラムを実行してみましょう。

図7-14　「sample20220114_120611.xlsxで保存しました」と表示された

すると「sample20220114_120611.xlsxで保存しました」とターミナルに表示されて、プログラムと同じフォルダーにsample20220114_120611.xlsxが作成されました。

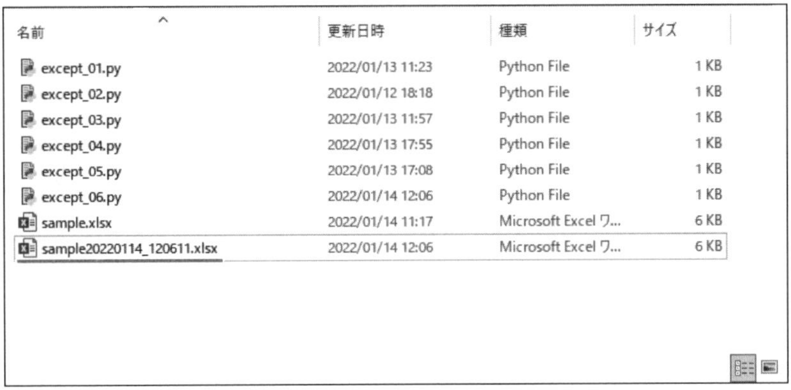

図7-15　**メッセージに表示されたファイル名でExcel文書が作成されている**

麻美のオススメ

main関数にあらすじを書くのがおススメ

大きなプログラムを作るようになったり、あ、大きなプログラムっていうのはコードがたくさん書いてある長いプログラムっていう意味よ、自作の関数をたくさん使うようになったりしてくると、プログラムをどう構成するかが問題になってくるわよね。数十行のプログラムなら、やりたいことを上から順に書いていけばいいのだけど、プログラムが長くなると、ただズラズラ書いちゃったりしたときに、どこで何の処理をしているのかわかりにくいプログラムになっちゃうのよね。

そんなとき、Pythonではmain関数を定義するの。mainという名前そのものに意味はないんだけど、Pythonでは慣習的にmain関数にするの。そして、main関数に処理の大きな流れをコーディングして、細かい処理は別の関数にして、それをmain関数から呼び出すの。

で、「慣習的にmain関数」って説明したのは、main関数を定義したからって自動的に実行されるんじゃなくて、自分で呼び出してやる必要があるからよ。

なんて言われてもわけわかんないわよね。さて、どう説明しようかしら……。

なるほど。麻美さんが大事な指摘をしてくれました。main関数を使ったプログラムの実例を見ながら、麻美さんが何を言いたかったのか、彼女に代わって説明しましょう。

コード7-7　main関数を使って記述したプログラムの例

use_main.py

```
import openpyxl
import pathlib


def main():
    wb_out = openpyxl.Workbook()
    lt_sh = wb_out.active
    header_edit(lt_sh)
    path = pathlib.Path(r".\data")
    for file_obj in path.glob(r"*.xlsx"):
        sals_slip_to_lt(file_obj,lt_sh)

    wb_out.save(r".\data\salesList.xlsx")

def header_edit(lt_sh):
    lt_sh.cell(1, 1).value = "得意先コード"
    lt_sh.cell(1, 2).value = "得意先名"
    lt_sh.cell(1, 3).value = "税込金額"

def sals_slip_to_lt(file_obj,lt_sh):
    wb = openpyxl.load_workbook(file_obj, data_
                                        only=True)
    lt_row = lt_sh.max_row + 1
    for sh in wb:
        lt_sh.cell(lt_row, 1).value = sh.cell(4,
```

```
                                    3).value  #得意先コード
25          lt_sh.cell(lt_row, 2).value = sh.cell(3,
                                        2).value  #得意先名
27          lt_sh.cell(lt_row, 3).value = sh.cell(21,
                                         6).value #税込金額
28          lt_row += 1
29
30  if __name__ == "__main__":
31      main()
```

「いきなり難しいよ」という声が聞こえてきそうです。各行がこれまでよりも長めになっているので複雑に見えますが、基本的には今まで本書で出てきたコードが大半です。ここまで学んできたことの応用だと思ってプログラムを読んでください。

まずopenpyxlをインポートする文がこれまでによく出てきたように

```
from openpyxl import load_workbook
```

ではなく

```
01  import openpyxl
```

になっているのは、load_workbook関数で既存のワークブックを開くだけでなく、Workbookメソッドで新規にワークブックを作成することもできるようにしたいからです。次の行でインポートしているpathlibを使うと、ファイルやフォルダーをうまく扱うことができるようになります。

次のブロックがmain関数を使ったプログラムの“あらすじ”です。5行目の

```
05  def main():
```

でmain関数を定義しています。

あらすじをコーディングする前に、このプログラムでやりたいことを説明しま

しょう。

プログラムが存在するフォルダーのサブフォルダーにとしてdataフォルダーがあり、そこに複数のExcelブックが存在します。

図7-16　**dataフォルダーの内容**

それぞれのExcelブックには1枚もしくは複数のシートがあり、それぞれが定型の売上伝票です。

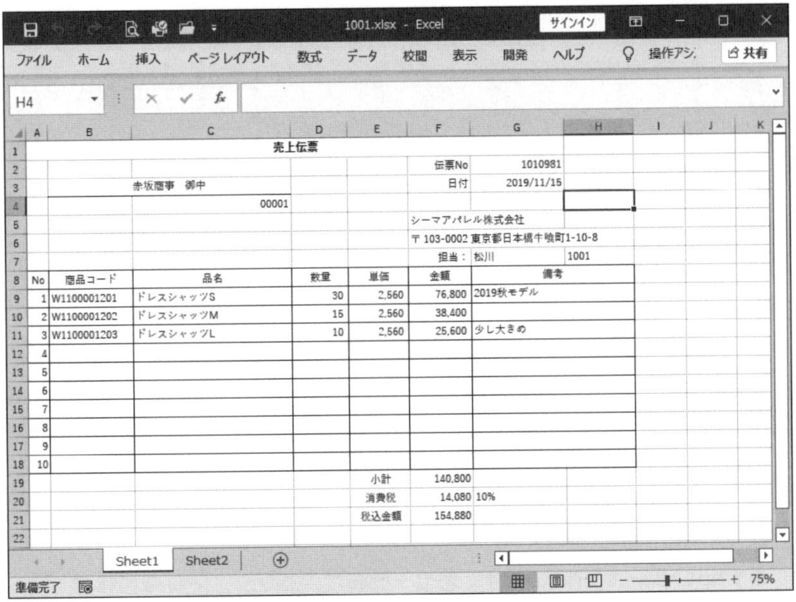

図 7-17　プログラムで読み込む売上伝票シート

各ブックに全部で何枚のシートがあるかはわかりません。このような売上伝票すべてから、得意先コードと得意先名、それに税込金額を取得し、売上一覧表を、これもまたExcelブックとして作成します。ここでは売上伝票のフォーマットは決まっており、得意先コード、得意先名、税込金額が入力されているセル番地は各シート共通で固定されているという想定です。

売上伝票から読み取ったデータで、次のような売上一覧表を作ります。

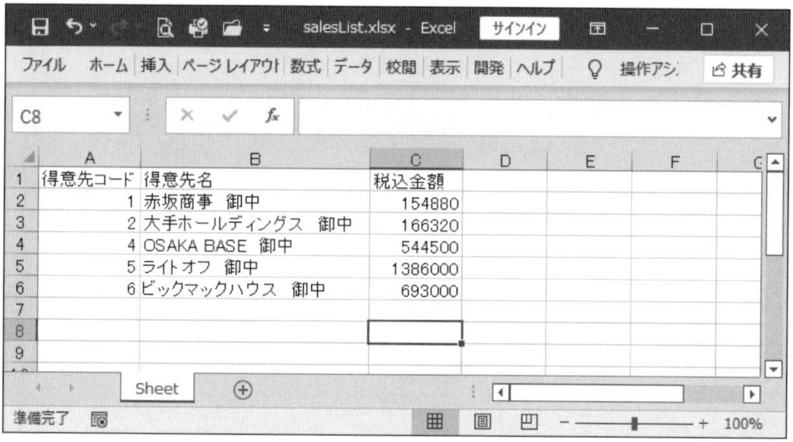

図7-18　作成する売上一覧表

それでは、main関数の内容を見ていきましょう。

まずopenpyxl.Workbook()で売上一覧表にするブックを新規に作成し、これを変数wb_outで扱えるようにします（6行目）。

次に変数lt_shにアクティブなシートを取得します（7行目）。新規作成したブックのシートですから、この時点ではこのシートは白紙です。続いてheader_edit関数にシートオブジェクト変数lt_shを渡して実行します（8行目）。header_edit関数の役割は、売上一覧表になるシートであるlt_shの1行目に得意先コード、得意先名、税込金額という項目名を設定することです。header_edit関数はプログラムの中で定義するユーザー定義関数です。この関数の宣言は、15～18行目で記述しています。

ここで、これまで触れてこなかった重要なことについて説明しておきましょう。それは変数の取り扱いについてです。実は、main関数を始めとする関数内で作成した変数は他の関数では使えません。このことを変数には「スコープ（有効範囲）がある」と言います。関数内で作った変数はその関数内でのみ有効な変数（ローカル変数）なので、他の関数では流用できないのです。一方、関数の外で作成した変数はグローバル変数といって、プログラム全体で有効です。

そこで、header_edit関数でlt_shが示すシートを扱えるように、main関数で定義したシートオブジェクト変数lt_shを、header_edit関数に引数として渡しています。header_edit関数は前述の通り、このプログラムの中でmain関数の次に定義しているユーザー関数です。main関数の中で呼び出した関数に引数として渡すコードにしたことで、header_editでもそのまま変数lt_shを使うことができます。

続いて、

```
pathlib.Path(".\data")
```

でdataフォルダーを扱うためのpathオブジェクトを作ります（9行目）。そして、for in文でExcelブックを取得するループを回します（10行目）。

```
10        for file_obj in path.glob(r"*.xlsx"):
```

では、pathオブジェクトのglobメソッドを使いました。このメソッドを使うと引数に指定したパターン（ここでは"*.xlsx"）に一致するファイルだけを取得することができます。実際の業務にこのようなプログラムを適用することを考える場合、dataフォルダーに他の拡張子を持つファイル（Excel以外のファイル）があることも想定する必要があります。拡張子がxlsxであるファイルを取り出すという記述にすることで、そうした環境でもファイルの読み込みでトラブルが起きることを避けることを狙っています。

続く11行目で

```
11            sals_slip_to_lt(file_obj,lt_sh)
```

と記述しました。取得したfile_objとlt_shを引数に渡し、sals_slip_to_lt関数を実行します。sals_slip_to_lt関数もプログラムの中で独自に定義したユーザー関数です（20～28行目）。これは、売上伝票の各シートの特定の位置にある得意先コード、得意先名、税込金額を読み込み、転記先であるシートオブジェクト変数lt_shに転記する関数です。転記する際は、同じシートから読み込んだ値を1行に再構成して転記します。

main関数の最後の仕事はsalesList.xlsxというファイル名で売上一覧表ブックをdataサブフォルダーに保存することです（13行目）。

次のブロックで、header_edit関数を定義します（15～18行目）。この関数は特に難しいところはありませんね。lt_shが示すシートの1行目、1、2、3列に項目名を並べています。

続くsals_slip_to_lt関数はちょっと難しいかもしれません。21行目のload_workbook関数でfile_objを開くときにオプションとして

```
data_only=True
```

を指定しています。売上伝票シートの税込金額のセルには、金額そのものではなく小計＋消費税という計算式が入力されているからです。でも必要なのは式ではなく計算結果です。load_workbook関数にdata_only=Trueを指定するとセルに入力されている計算式ではなく、計算後の金額を取得できます。Excelからデータを読み込む際には有用なオプションです。

続く22行目の

```
22        lt_row = lt_sh.max_row + 1
```

というコードについても説明しておきましょう。sals_slip_to_lt関数は未処理のブックを取得するたびに、main関数から呼び出されますが、データの転記先であるlt_shが示す売上一覧表シートは1枚のシートです。sals_slip_to_lt関数が呼び出された時点では、そこまでに実行済みの転記処理で売上一覧表シートには1行以上の範囲で何らかのデータが入力済みになっているはずです。ここで何行目までデータが入力されているかを知るためにlt_sh.max_rowプロパティを使います。このプロパティを参照することで、その時点での最大行数がわかります。ということは、次に転記するデータはその次の行、つまり「最大行数＋1」行目になります。それが、最後に＋1を書き加えている理由です。

こうすることで、変数で売上一覧表シートの何行目までに転記したかをプログラムが覚えていなくても正しい行に書き込めます。

麻美のオススメ

グローバル変数には要注意！

新しい転記先を何行目にするか、これを変数で管理することもできなくはないわね。最大行を入れておく変数を作って、1行処理するごとに＋＝1で変数の値を1増やせばいいってわけ。その場合は、関数の中ではなく外側で、書き込み行数を記憶するグローバル変数として宣言しとけばよさそうね。

ただし、この方法はお薦めしません。というより、ホントはやっちゃダメと言いたいくらい。というのは、グローバル変数を多用すると、プログラムの保守性が悪くなるの。あー、また難しい言葉になっちゃった。要は大きいプログラムでグローバル変数をたくさん使って、あっちこっちで更新するようなプログラムを作っちゃうと、いつかわかんなくなるからダメなのよ。どこでその変数を使っているのか、プログラム全体を見ないとわからないし、その変数を間違って書き換えるようなコードを書いちゃったときに、それがどこか見つけるのが大変！ だから、グローバル変数には要注意！と強調しておくわね。

sals_slip_to_lt関数の説明に戻りましょう。lt_sh.max_rowを基準に書き込み先の行を決めたら、23行目からのfor sh in wbのループでワークブックから各売上伝票シートを取得し、各項目を売上一覧表シートに転記していきます。これでsals_slip_to_lt関数の処理は完了です。main関数から呼ばれて実行されるので、処理が終わったらmain関数に戻ります。そして、main関数の繰り返し処理の中で、再び呼び出されてsals_slip_to_lt関数が次の行の処理を行うのです。

各関数の定義が終わったら、プログラムの最後でmain関数をmain()として呼び出します（30行目）。これにより、このプログラムが動きます。

main()は、その直前if文からのブロックの中で呼び出されています。このif文（29行目）の記述

```
29  if __name__ == "__main__":
```

は、このプログラム（use_main.py）を直接実行したときだけmain関数を呼び出すようにするためのおまじないです。「直接呼び出す」とは、このプログラムファイルを指定して実行するという意味です。では、直接呼び出すのではないときというのはどういう状況か、気になりますよね。これはたとえば、モジュールとしてこうしたプログラム（拡張子が.pyのファイル）をインポートし、その中の関数を別のプログラムでも利用するといったケースです。モジュールというのはライブラリの中で、1個のプログラムファイルで構成されるものです。そんなときにmain関数が動作しないようにする仕組みです。ライブラリとして読み込みたいのは、main関数以外の関数のいずれかだからです。

今日のふりかえり

麻美　「さくらちゃん、今日の研修はどうだった？」

さくら　「麻美先輩、main関数の説明すごく難しかったです。わたしムリです」

麻美　「ごめんねー。わたしが作っているプログラムで説明したから」

さくら　「麻美先輩もスゴイですけど、やっぱり、センガク室長ってエラいんですね」

麻美　「そう？」

さくら「室長はプログラムを使う人のことをちゃんと考えているんですね」

麻美「どこがそんなに感心したの？」

さくら「保存しようと思ったExcelファイルが開かれていたら、別名で保存するコードなんてカッコいいですよね」

麻美「そう。ふーん、センガクがエラい……ねぇ」

さくら「（私、何か地雷踏んじゃった？）……あ、今日勉強したこともまとめておきますね」

- プログラムが例外（エラー）で突然終了しないように例外処理を書く
- tryブロックに例外が発生する可能性のあるコードを書く
- exceptに具体的な例外を指定して、対処するコードを書く
- elseブロックに例外が発生しなかったときのコードを書くことができる
- finallyブロックには例外が発生してもしなくて最後に実行するコードを書くことができる
- クラスメソッドはオブジェクトを生成しなくて呼び出せる
- プログラムが長くなるなら、main関数を作ろう
- 変数にはスコープ（有効範囲）がある（ローカル変数とグローバル変数）
- できるだけグローバル変数は使わない（後々必ず苦労するから）

研修 8 日目

データベースを使う

センガク「さくらクン、最後に勉強してほしいのはデータベースだ。今から説明してもいいかい？」

麻美「さくらちゃん、データベースは知ってる？ 使ったことはある？」

さくら「言葉は知っています。インターネットは巨大なデータベースだとか、クラウドのデータベースからデータを取得するとかってよく言いますよね。使ったことはないですけど」

麻美「そうそう、データベースは大量のデータが保存できて、ほしいデータを高速に取り出すことができる仕組みなのよ」

さくら「でも、昨日勉強したようにデータはExcelブックで管理するんじゃないんですか。openpyxlでExcelブックをいろいろ操作できて便利だし、VBAに比べて速いなあって思ったんですが……」

センガク「たとえば、うちの社員名簿や得意先台帳とかは数百から数千件のレベルだから、Excelで全然問題ないんだけど、これが、過去十年の売上データや仕入データだったら、そんな件数では収まらないからExcelでは苦しいよ」

さくら「でも、Excelのシートには1,048,576行まで入力できるじゃないですか」

センガク「さくらクン、“できる”と“使える”の違いはわかるかい？ 設計上は1,048,576行×16,384列のデータをExcelには登録できるけど、そのExcelファイルを開くのにどれだけ長く待たされたり、必要なデータを検索するのに時間が掛かりすぎたりしたら、誰も使いたくない仕組みになっちゃうだろう。仕事をするには向かないんだよね」

さくら「センガク室長、わたしそんなにたくさんのデータ扱ったことがないので、そう言われてもピンときません」

センガク「実際にやってみようか。今日最初に作るプログラムはExcelのデータをデータベースに登録するプログラムと、データベースを検索して条件に合うデータをExcelのシートに書き込むプログラムだ」

軽量で使いやすいSQLite3

Pythonの標準ライブラリには、SQLite3というライブラリがあります。標準ライブラリなので、インストールする必要はありません。このライブラリを使ってSQLite3というデータベースを利用することができます。SQLite3の3はバージョン番号です。

SQLiteというのはリレーショナルデータベース（RDB）の一つで、軽量で使いやすいことに定評があります。有名はリレーショナルデータベースには、Oracleデータベースやマイクロソフトの SQL Server、オープンソース[*1]ではMySQLやPostgreSQLなどがあり、本格的な業務システムでも使われるものばかりです。これらはサーバー上で稼働し、クライアントPCからのリクエストに応じて、データを提供したり、データベースに新たなデータを追加したりします。

これに対し、SQLiteはファイルタイプのデータベースで、皆さんのパソコン上で動作させることができます。そういう意味ではOfficeアプリケーションのAccessが扱うデータベースファイルに似ています。もっとも、Accessにはレポートやフォームといったユーザーインターフェースを作成する機能がありますが、SQLiteは高速にデータの取り出し、追加・更新ができるというデータベース本来の機能にしぼったデータベースです。

大量のデータを扱うにはデータベースが向く

本章のテーマは入門書の枠を少し超えてしまうかもしれません。でも業務の効率化を図ろうというとき、大量のデータを取り扱わなければならないケースというのは十分あり得ます。そのとき、Excelでしかデータを管理できないというのでは、目的である業務の効率化ができなくなってしまう可能性があります。

＊1　オープンソースとはソフトウェアのソースコードを公開しているという意味です。一定の条件の下で、ソースコードを誰でも自由に利用することができます。OSS（オープンソース・ソフトウェア）などと略されます。

そこで本書では、データは基本的にSQLiteデータベースに保存して、必要に応じてExcelシート上に取り出して扱うという役割分担を提案します。こうすれば大量のデータでも高速に扱えて、なおかつExcelの機能を使って様々なデータの見せ方ができて便利に使えます。そこで、まずはそのやり方が本当に便利なのかどうかということを検証してみましょう。もちろん、Pythonでプログラミングすることで、Excelシート上に1万件程度データが入力されていても高速に操作できるのですが、それがたとえば、10万件を超える量になったら、どうなのかを見ていきます。

データベースの基本

データベースの説明を続けましょう。リレーショナルデータベースでは、表形式でデータを持ちます。この表のことをテーブルといいます。テーブルには行（レコード）と列（フィールド）があります。Excelのシートと同じイメージです。そして、このテーブルを複数、データベースファイルに記憶します。これもExcelのブックに似ていますね。

テーブルには主キーとインデックスを設定できます。主キーはレコードをユニーク（一意）に識別します。一意とは、他と重複がないという意味です。インデックス（索引）をフィールドに設定すると、そのフィールドを使った検索が速くなります。書籍の索引と同じで、全ページを探さなくても、索引を見ればすぐに目的の用語について触れているページを開けるのと同じです。

関係（リレーション）のあるデータを一つのテーブルに入れ、複数のテーブル同士に関係を持たせることで、効率良くデータを管理できるのがリレーショナルデータベースの特徴です。

SQLの基礎

リレーショナルデータベースにデータを登録したり、登録されているデータを取得したりするには、基本的にSQLを使います。SQLというデータベース用のプログラミング言語があると理解してください。Pythonプログラムの中でSQLという別の言語を使ってデータベースを利用するのです。

基本のSQL文

代表的なSQL文を見ていきましょう。

表8-1　代表的なSQL文

SQL文	処理内容
CREATE TABLE	テーブルの作成
ALTER TABLE	テーブルの変更
DROP TABLE	テーブルの削除
SELECT	レコードの取得
INSERT	レコードの追加
UPDATE	レコードの更新
DELETE	レコードの削除

テーブルの作成や削除など、あらゆるデータベース操作はSQL文で行います。CREATE TABLE文にはテーブル名やフィールド名、そして、フィールドのデータ型や属性を指定してテーブルを作成します。データ型は変数の型と同じようなものです。属性には主キー属性（PRIMARY KEY）などを指定します。本書で利用するSQLiteのデータ型は次の通りです。

表8-2　SQLiteのデータ型

データ型	格納する値
NULL	NULL値
INTEGER	整数
REAL	浮動小数点数
TEXT	テキスト
BLOB	Binary Large Object

Pythonで扱うint型のデータは、SQLiteのINTEGER型のフィールドに格納します。floatはREAL型のフィールドに、strならTEXT型のフィールドに格納します。

SQL文の説明に戻りましょう。テーブルを操作するSQL文の続きです。ALTER TABLE文を使うとテーブル名を変更したり、テーブルにフィールドを追加したりすることができます。DROP TABLE文はテーブルを削除できます。不要になったテーブルを削除したり、テーブルを再作成するためにいったん既存のテーブルを削除したりといったときにDROP TABLEを使います。

レコードを操作するSQL文も紹介しましょう。

SELECT文はテーブルからレコードを取得します。レコードのすべてのフィールドを取得することもできますし、特定のフィールドを指定して取得することもできます。また、テーブル中の全レコードを一度に取得することもできますが、WHERE句に条件を記述することで、1からn件のレコードを対象にデータを取得することもできます。

INSERT文はテーブルにレコードを追加します。UPDATE文はフィールドの値を更新します。DELETE文はレコードを削除します。これらのSQL文もWHERE句で処理対象のレコードを選別できます。

センガクのちょっと込み入った話

処理時間を計測する

プログラムを作って人に使ってもらうときに気になってしまうのは、エラーが起きて突然止まってしまったりしないかということと、「いつまで待ってても処理が終わらないぞ」というクレームが来たりはしないかということです。

エラーについては、7日目に説明した例外処理で対処できますがが、処理時間についてはどうしましょうか？

「パソコンによります」とか「実行時のパソコンの状態によります」なんて言いたいところですが、その処理にどれぐらいの時間がかかるのかは実際に現場でプログラムを使ってもらう前に把握しておきたいですよね。

それには予想される処理件数のテストデータを用意して、プログラムに処理時間を計るコードを追加します。時間を計るのは難しいことではありません。実際の処理を始める前に現在の時間を開始時間として変数に記録しておいて、処理が終わったらその時間を終了時間として変数に記録して、終了時間から開始時間をひき算することで処理時間を計測できます。

Pythonでは標準モジュールtimeに時間を計測する関数がいくつか用意されています。

timeモジュールのtime関数はエポックからの秒数を浮動小数点数で返します。この「エポック」が難しいですよね。言い直しますね。time関数は常に基準となる日時からの経過秒数を返してくれます。だから、開始時間より終了時間の方が大きいわけです。

では、まずtime関数の使い方を見るために、処理時間を計測するプログラムを用意しました。

処理時間を計測するプログラム

では、処理時間をプログラムで計測する情報を見ておきましょう。基本は処理開始時の時刻と終了時の時刻を記録し、その差を計算します。

コード8-1 開始時刻と終了時刻から経過時間を算出するコードの例

time_01.py

```
01 import time
02
03
04 # 開始
05 start_time = time.time()
06
07 # ダミー処理
08 time.sleep(1)
09
10 # 終了
11 end_time = time.time()
12
13 # 経過時間を出力
14 elapsed_time = end_time - start_time
15 print(elapsed_time)
```

1行目でtimeモジュールをインポートしたので、time関数が使えます。そこで最初の処理として

```
time.time()
```

で、すぐに現在時刻を取得します（5行目）。8行目の

```
time.sleep(1)
```

は単に1秒間待つためのコードです。実際のプログラムで処理時間を計るときは、ここを本来の処理をするコードに置き換えるわけですね。

その処理が終わったら、その直後にもう一度

```
time.time()
```

を実行し、変数end_timeに代入します（11行目）。これが終了時刻に相当します。最後に変数elapsed_timeとしてend_timeとstart_timeの差を求めて経過時間とし、これを表示します（14〜15行目）。簡単ですね。

処理時間を計測する原理としてはこのコードでいいのですが、実はPythonにはもっと便利な関数が用意されています。timeモジュールで提供されているperf_counterという関数です。perf_counter関数はパフォーマンスカウンターの値を返すので、time関数よりも精度が良いようです。使い方はtime関数と変わりありません。

perf_counter関数を使った場合のプログラムも見てください。

コード8-2

perf_01.py

```
import time


# 開始
start_time = time.perf_counter()

# ダミー処理
time.sleep(1)

# 終了
```

```
end_time = time.perf_counter()

# 経過時間を出力
elapsed_time = end_time - start_time
print(elapsed_time)
```

コード8-1（time_01.py）でtime()と記述していたところを、perf_counter()に書き換えただけです。なお、参考までにtimeモジュールにはprocess_time()という関数もあります。こちらはCPU処理時間を求めます。CPUの負荷に絞って計測したいといった場合に使います。

SQLiteデータベースを使う

データ量がどれくらいになったら、Excelシートのみで管理するのではなく、SQLite3データベースも併用したほうがいいのか、実際にプログラムを作って試してみましょう。Excel、SQLite3それぞれの実力が大まかに見えてくるはずです。

プログラムの実行時間を計測するときには、処理能力の差がある程度わかるよう、大量のテストデータを作成する必要があります。でも自力でテストデータを作成するのは、なかなか面倒な作業です。そこで、そうした大量のデータをダウンロードして提供してくれているサイトや、テストデータを生成してくれる便利なサイトを活用しましょう。

まず、そんなサイトの一つ住所.jp（http://jusyo.jp/）をご紹介します。これは様々な住所データを様々な形式で提供してくれるWebサイトです。今回は、CSV（カンマ区切り）形式の住所データをダウンロードしようと思います。

図8-1　様々な住所データを無料で利用できる住所.jp

トップページが開いたら、ページ左上の「ファイル形式」メニューに並んでいる「CSV」（カンマ区切り形式）のリンクをクリックします。すると、全国の住所データがCSV形式でダウンロードできるページが開きます。

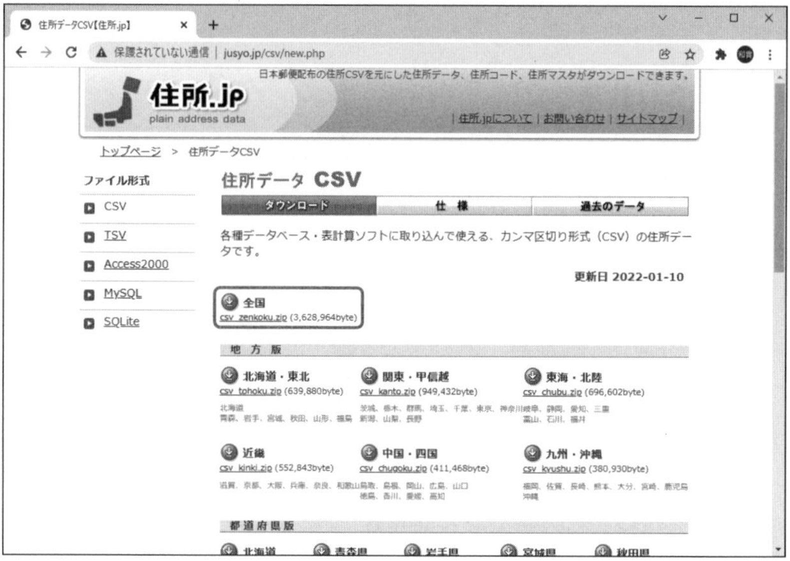

図8-2　**CSV形式のページから全国のデータをダウンロード**

ここではデータ量の多いファイルがほしいので、csv_zenkoku.zipファイルをダウンロードしましょう。

このファイルを展開すると、zenkoku.csvというファイルが出てきます。このファイルをExcelで開いてください。開くのに少し時間が掛かるはずです。開いたら、別名で保存し直します。その際、①ファイルの種類にExcelブック（*.xlsx）を選ぶ、②プログラムと同じフォルダーに保存する、の2点に注意してください。

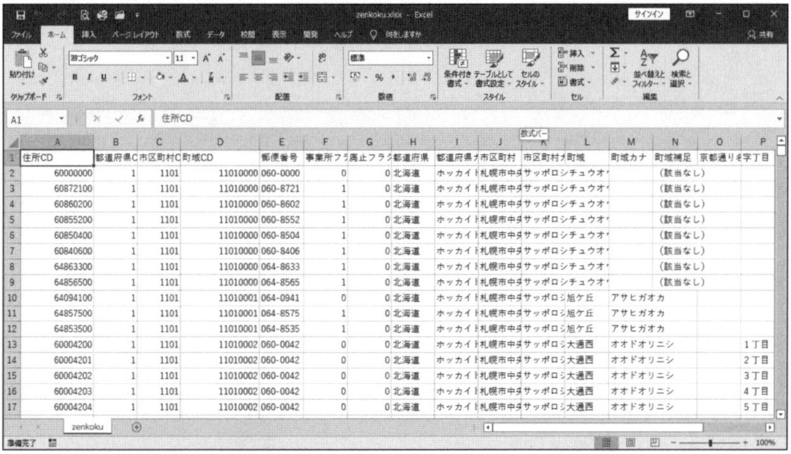

	A	B	C	D	E	F	G	H	I	J	K	L	M	N	O	P
1	住所CD	都道府県C	市区町村C	町域CD	郵便番号	事業所フラ	廃止フラグ	都道府県	都道府県カ	市区町村	市区町村カ	町域	町域カナ	町域補足	京都通り名	字丁目
2	60000000	1	1101	11010000	060-0000	0	0	北海道	ホッカイ	札幌市中央	サッポロシチュウオ			（該当なし）		
3	60872100	1	1101	11010000	060-8721	1	0	北海道	ホッカイ	札幌市中央	サッポロシチュウオ			（該当なし）		
4	60860200	1	1101	11010000	060-8602	1	0	北海道	ホッカイ	札幌市中央	サッポロシチュウオ			（該当なし）		
5	60855200	1	1101	11010000	060-8552	1	0	北海道	ホッカイ	札幌市中央	サッポロシチュウオ			（該当なし）		
6	60850400	1	1101	11010000	060-8504	1	0	北海道	ホッカイ	札幌市中央	サッポロシチュウオ			（該当なし）		
7	60840600	1	1101	11010000	060-8406	1	0	北海道	ホッカイ	札幌市中央	サッポロシチュウオ			（該当なし）		
8	64863300	1	1101	11010000	064-8633	1	0	北海道	ホッカイ	札幌市中央	サッポロシチュウオ			（該当なし）		
9	64856500	1	1101	11010000	064-8565	1	0	北海道	ホッカイ	札幌市中央	サッポロシチュウオ			（該当なし）		
10	64094100	1	1101	11010001	064-0941	0	0	北海道	ホッカイ	札幌市中央	サッポロシ	旭ケ丘	アサヒガオカ			
11	64857500	1	1101	11010001	064-8575	1	0	北海道	ホッカイ	札幌市中央	サッポロシ	旭ケ丘	アサヒガオカ			
12	64853500	1	1101	11010001	064-8535	1	0	北海道	ホッカイ	札幌市中央	サッポロシ	旭ケ丘	アサヒガオカ			
13	60004200	1	1101	11010002	060-0042	0	0	北海道	ホッカイ	札幌市中央	サッポロシ	大通西	オオドオリニシ			1丁目
14	60004201	1	1101	11010002	060-0042	0	0	北海道	ホッカイ	札幌市中央	サッポロシ	大通西	オオドオリニシ			2丁目
15	60004202	1	1101	11010002	060-0042	0	0	北海道	ホッカイ	札幌市中央	サッポロシ	大通西	オオドオリニシ			3丁目
16	60004203	1	1101	11010002	060-0042	0	0	北海道	ホッカイ	札幌市中央	サッポロシ	大通西	オオドオリニシ			4丁目
17	60004204	1	1101	11010002	060-0042	0	0	北海道	ホッカイ	札幌市中央	サッポロシ	大通西	オオドオリニシ			5丁目

図8-3　zenkoku.xlsxとして保存した

Excelデータで処理時間を計測

このファイルには北海道から沖縄までの住所データが、149,929行までありました。最上部のヘッダー行（見出し行）を除くと149,928件の住所データが存在するわけです。次のようなプログラムで、このシートから全行読み出すのに掛かる時間を計ってみましょう。

コード8-3　1枚のシートから全行のデータを読み出すのにかかった時間を計測するプログラム

max_data_01.py

```
from openpyxl import load_workbook
import time


#計測開始
start_time = time.perf_counter()

wb = load_workbook(r"zenkoku.xlsx")
```

```
ws = wb.active

row_cnt = 0
for row in ws.iter_rows(min_row=2):
    row_cnt += 1

#計測終了
end_time = time.perf_counter()
elapsed_time = end_time - start_time
print(f"経過時間:{elapsed_time}")
print(f"件数:{row_cnt}")
```

このプログラムで、Excelブックzenkoku.xlsxのシートから、全行を読み出してperf_counter()で読み出すのに掛かった時間を計測しました。

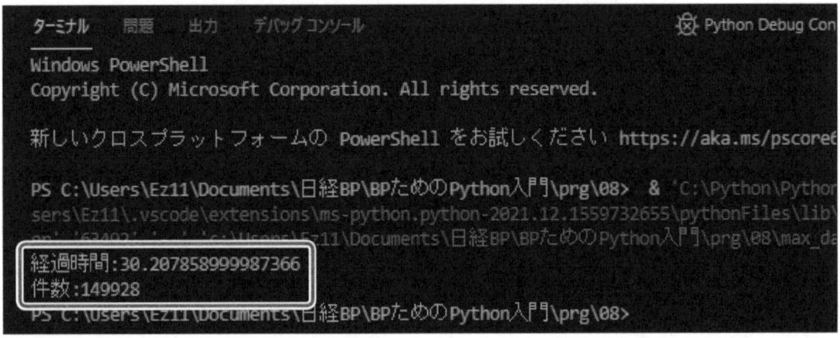

図8-4　経過時間と読み込んだ件数を表示

実行すると、経過時間と読み込んだ件数を表示します。処理に掛かる時間はもちろん、パソコンの性能によって変わりますし、1回目よりも2回目以降の方が速いのですが、筆者が自分の環境で何回か試したところ、だいたい30秒ぐらいで読込が終了しました。

これを速いと感じるか、遅いと感じるかは個人差があるでしょう。Excel VBAでもっと時間が掛かった経験のある人は速いと感じるでしょうし、高速なデータベースの利用に慣れている人は遅いと感じるでしょう。

プログラムを作るうえで大事なのは、そのプログラムには利用者の何らかの問題を解決するという目的があり、それを実現する処理を実装するということです。それはたとえば、このzenkoku.xlsxから、郵便番号で住所を求めるという処理かもしれません。経過時間を調べる理由は、単に早いか遅いかではなく、その目的のために待てる時間なのかどうかということです。

SQLite3ファイルで処理時間を計測

次にデータベースで試してみましょう。住所.jpからはSQLite3のデータベースファイルもダウンロードすることができます。手順はCSV形式のときと同様です。ページ左上のメニューから「SQLite」のリンクをクリックし、開いたページでsqlite_zenoku.zipをダウンロードします。

図8-5 **sqlite_zenkoku.zipをダウンロードする**

ダウンロードしたsqlite_zenkoku.zipを展開して出てきたファイルzenkoku.sqlite3をプログラムと同じフォルダーに置きましょう。今度のは次のようなプログラムで処理時間を計測します。

コード8-4　**SQLite3のデータをすべて読み込む時間を計測するプログラム**

max_data_02.py

```
01 import sqlite3
02 import time
03
04
05 start_time = time.perf_counter()
06
07 conn = sqlite3.connect("zenkoku.sqlite3")
08 cursor = conn.cursor()
09 rows = cursor.execute("SELECT * FROM ad_address")
10
11 row_cnt = 0
12 for row in rows:
13     row_cnt += 1
14
15 conn.close()
16
17
18 end_time = time.perf_counter()
19 elapsed_time = end_time - start_time
20 print(f"経過時間:{elapsed_time}")
21 print(f"件数:{row_cnt}")
```

SQLite3データベースを扱うコードを説明します。まずsqlite3ライブラリをインポートする必要があります（1行目）。sqlite3.connect関数で、zenkoku.sqlite3データベースへの接続を開くためです。

接続オブジェクトconnを作成し、zenkoku.sqlite3への接続を開きます（7行目）。cursorメソッドでデータベースを操作するためのカーソルを取得します。以降はこれをcursorオブジェクトとして扱えるようになります（8行目）。

このcursorオブジェクトのメソッドを使って、SQL文を発行していくわけで

す。9行目のコードにある

```
SELECT * FROM ad_address
```

というSELECT文は、zenkoku.sqlite3にあるad_addressテーブルから(FROM)、すべてのレコードのすべてのフィールドを取得する処理をします。「*」がすべてのフィールドを意味します。このSELECT文をexecuteメソッドで実行し（9行目）、取得したレコードセット（複数レコードのかたまり）から、for in文で1レコードずつ取り出し（11～13行目）、終わったら、closeメソッドで接続を閉じます（15行目）。

それ以外の、時間を計測する処理および結果を表示する処理はExcelデータ用のプログラムと変わりません。このプログラムを動かして、実際に処理時間を計測してみました。

図8-6　**max_data_02.pyを実行した結果**

実行すると約1秒で149,928件のレコードを読み込むことができました。桁数が多いので驚くかもしれませんが、「1.030……」なのでほぼ1秒です。15万件ほどのレコード件数を読み込むのにかかった時間は、SQLite3データベース（約1秒）とExcel（約30秒）を比較すると大きな違いがあることがわかります。もちろん、Excelとデータベースは目的の違うソフトウェアなので、この差は優劣ではありません。大事なのはどう使うかである点は忘れないでください。

書き込み時間の違いを検証する

次に、1万件のデータで書き込み処理を試してみます。今度は、プログラミングに有用な様々なツールをWeb上で提供しているTM-WebToolsというサイト（https://tm-webtools.com/）の「テストデータ生成」を使います。

図8-7　**TM-Webtoolsの「テストデータ生成」ページ**

このページでは列名と、姓名や郵便番号、Emailといったデータ形式を指定してテストデータを作成することができます。設定に合わせて、それらしい架空のデータを生成してくれるので、今回のように大量のテストデータを作りたいプログラマーにとっては大変助かります。

一点、注意が必要なのは、生成したCSV形式のテストデータは文字コード（エンコーディング）がUTF-8になっている点です。Excelで開くためには、事前にメモ帳などのテキストエディタでANSI、もしくShift-JISに変更して保存しておく必要があります。

今回は、1万件の顧客情報に見立てたテストデータをダウンロードしたCSV形式のデータを、コード8-3で読み込み処理を計測する前に準備したときと同様に、Excel形式のブック（顧客情報_10000.xlsx）として保存しました。

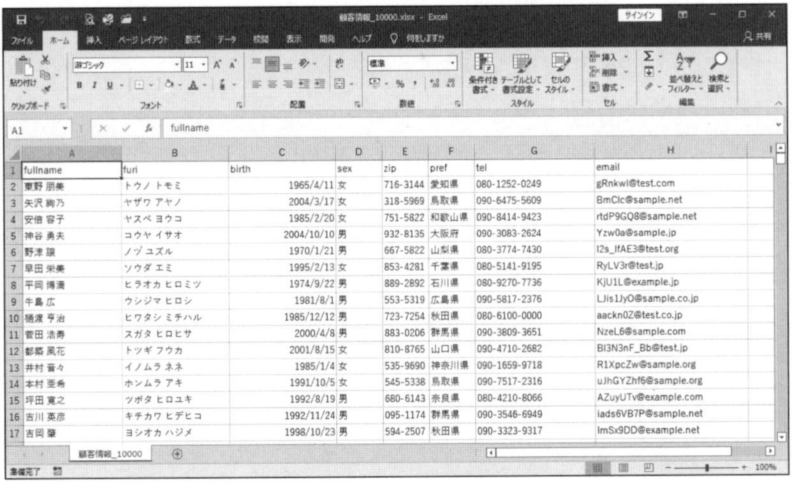

	fullname	furi	birth	sex	zip	pref	tel	email
2	東野 朋美	トウノ トモミ	1965/4/11	女	716-3144	愛知県	080-1252-0249	gRnkwl@test.com
3	矢沢 絢乃	ヤザワ アヤノ	2004/3/17	女	318-5969	鳥取県	090-6475-5609	BmClc@sample.net
4	安倍 容子	ヤスベ ヨウコ	1985/2/20	女	751-5822	和歌山県	090-8414-9423	rtdP9GQ8@sample.net
5	神谷 勇夫	コウヤ イサオ	2004/10/10	男	932-8135	大阪府	090-3083-2624	Yzw0a@sample.jp
6	野津 譲	ノヅ ユズル	1970/1/21	男	667-5822	山梨県	080-3774-7430	I2s_IfAE3@test.org
7	早田 栄美	ソウダ エミ	1995/2/13	女	853-4281	千葉県	080-5141-9195	RyLV3r@test.jp
8	平岡 博満	ヒラオカ ヒロミツ	1974/9/22	男	889-2892	石川県	080-9270-7736	KjU1L@example.jp
9	牛島 広	ウシジマ ヒロシ	1981/8/1	男	553-5319	広島県	090-5817-2376	LJis1JyO@sample.co.jp
10	樋渡 亨治	ヒワタシ ミチハル	1985/12/12	男	723-7254	秋田県	080-6100-0000	aackn0Z@test.co.jp
11	菅田 浩寿	スガタ ヒロヒサ	2000/4/8	男	883-0206	群馬県	090-3809-3651	NzeL6@sample.com
12	都築 風花	トツギ フウカ	2001/8/15	女	810-8765	山口県	090-4710-2682	BI3N3nF_Bb@test.jp
13	井村 音々	イノムラ ネネ	1985/1/4	女	535-9690	神奈川県	090-1659-9718	R1XpcZw@sample.org
14	本村 亜希	ホンムラ アキ	1991/10/5	女	545-5338	鳥取県	090-7517-2316	uJhGYZhf6@sample.org
15	坪田 寛之	ツボタ ヒロユキ	1992/8/19	男	680-6143	奈良県	080-4210-8066	AZuyUTv@example.com
16	吉川 英彦	キチカワ ヒデヒコ	1992/11/24	男	095-1174	群馬県	090-3546-6949	iads6VB7P@sample.net
17	吉岡 肇	ヨシオカ ハジメ	1998/10/23	男	594-2507	秋田県	090-3323-9317	ImSx9DD@example.net

図8-8　CSV形式のテストデータをExcelブック（顧客情報_10000.xlsx）に変換

このExcelブックの顧客情報_10000シート上の全行を読み込んで、新しいブックのシートに書き写していくという処理の時間を計測してみます。

コード8-5　Excelブックへの書き込み時間を計測するプログラム

max_data_03.py

```
import openpyxl
import time



start_time = time.perf_counter()

wb1 = openpyxl.load_workbook(r"顧客情報_10000.xlsx")
ws1 = wb1.active

wb2 = openpyxl.Workbook()
```

```
11  ws2 = wb2.active
12
13  row_no = 1
14  for row in ws1.iter_rows():
15      col_no = 1
16      for cell in row:
17          ws2.cell(row_no, col_no).value = cell.value
18          col_no += 1
19
20      row_no += 1
21
22  wb2.save(r"顧客情報_10000_copy.xlsx")
23
24  end_time = time.perf_counter()
25  elapsed_time = end_time - start_time
26  print(f"経過時間:{elapsed_time}")
```

このプログラムのメインの処理は、ワークシートオブジェクトws1に読み込んだ元ファイルのデータを、全行、全列分読み込んで、新規のワークシートオブジェクトws2に書き込んでいくという処理です（13～20行目）。ws2に書き写したデータは、顧客情報_10000_copy.xlsxという名前でWorkbookメソッドを使って新規に作成したブックに保存しています。

これを実行してみましょう。

図8-9　max_data_03.pyが表示した経過時間

この処理は約3.4秒で終了しました。約15万件の読み込みで30秒、1万件の読み込みと書き込みで3秒余りというのが、Excelデータの処理時間ということになりました。

SQLite3へ書き込む処理

次に、読み込み元は同じExcelのシートで、書き込み先としてSQLite3データベースにレコードを追加するのに掛かる時間も計測したいと思います。そこで、SQLを使ってレコードを追加するコードをここで勉強しておきましょう。具体的には、SQLite3データベースにテーブルを作成し、そのテーブルにレコードを追加する方法を簡単なプログラムで説明します。ここで紹介したコードが処理時間を計測するプログラムに応用できます。

コード8-6　SQLite3データベースにテーブルを作成してレコードを追加するプログラムの例

max_data_04.py

```
import sqlite3


conn = sqlite3.connect("customers.db")
cursor = conn.cursor()

cursor.execute("DROP TABLE IF EXISTS customers")

cursor.execute("CREATE TABLE customers (id INTEGER
                      PRIMARY KEY AUTOINCREMENT, \
               fullname TEXT, furi TEXT, birth TEXT
                      , sex TEXT, \
               zip TEXT, pref TEXT, tel TEXT, email
                      TEXT)")

```

```
13 lst_add =[("堀川 康夫","ホリカワ ヤスオ","1975/5/21",
                                                    "男",\
14             "080-9505","岡山県","090-3728-1067",
                                 "IQxPzErk2z@example.com"),
15            ("桑名 美代","クワナ ミヨ","1974/3/10","女",
                                                        \
16             "804-6328","山梨県","080-7073-8989",
                                   "nrso6p4_@example.net"),
17             ("小貫 香凛","オヌキ カリン","1994/12/1",
                                                   "女", \
18             "163-7904","鹿児島県","080-8991-5862",
                                        "cVuPz@sample.com")]
19 for add_one in lst_add:
20     cursor.execute("INSERT INTO customers(fullname,
                                       furi, birth, sex , \
21                           zip, pref, tel, email) \
22                            VALUES(?,?,?,?,?,?,?,?)",add_
                                                       one)
23 conn.commit()   #更新をコミット
24
25 rows = cursor.execute("SELECT * FROM customers")
26 for row in rows:
27     print(row)
28
29 conn.close()
```

いろいろと見慣れないコードが出てきましたね。全体では見慣れなくても、各行の記述はそれぞれそれほど難しいものではありません。ここまで本書を読んで研修を進めてきた皆さんなら十分理解できると思います。

では順に見ていきましょう。最初に1行目でsqlite3ライブラリをまずインポートします。次に、プログラムと同じフォルダーにあるcustomers.dbという名前のデータベースへの接続をconnect関数で開きます（4行目）。このデータベースが、データの書き込み先になります。

初めてこのプログラムを実行する時点では、customers.dbはまだ存在しないですよね。でも、大丈夫。プログラマーがそのことを気にする必要はありません。データベースファイルが存在しなければ、指定した名前でconnect関数がデータベースファイルを新規に作成してくれます。

SQLite3データベースの拡張子が、これまでのサンプルプログラムと異なっていることに気がついた人がいるかもしれません。SQLiteでは拡張子は固定ではありません。プログラマーが自由に拡張子を付けていいのですが、プログラミングの慣習的に.sqlite3、.sqlite、.dbがよく用いられているようです。

続けて、cursorオブジェクトのexecuteメソッドでまず実行しているのが、テーブルを削除するDROP TABLE文です（7行目）。

```
IF EXISTS customers
```

と指定しているので、customersという名前のテーブルがEXISTS、つまり存在していれば削除します。このプログラムを2回目以降に実行するときはこの行でいったん既存のcustomersテーブルを削除するわけです。こうしたコードを入れておくことにより、以降の処理でcostomersテーブルの有無を気にしながらコーディングする必要がなくなります。なお、SQLのコマンド（CREATE TABLEやINSERT INTOなど）を大文字で書き、テーブル名やフィールド名を小文字で書いていますが、必ずしもこのように書かなくてはいけないわけではありません。でも、リレーショナルデータベースのマニュアルを見ると、この形式で書いてあることが多いため、それにならっています。それにテーブル名やフィールド名も大文字にしてしまうと、SQL文の中で見分けが付きにくくなりますからね。

次にexecuteメソッドで実行しているのは、テーブルを作成するCREATE TABLE文です（9～11行目）。ここだけ抜き出してみましょう。

```
09  CREATE TABLE customers (id INTEGER PRIMARY KEY AUTOINCREMENT, \
10                      fullname TEXT, furi TEXT, birth TEXT, sex TEXT, \
11                      zip TEXT, pref TEXT, tel TEXT, email TEXT)
```

CREATE TABLE文では、まずテーブル名(ここではcustomers)を指定します。次に「(」に続けて、フィールド名 データ型 属性を順に指定します。最初のフィールドはidです。id[*2]はINTEGER型でPRIMARY KEY(主キー)です。AUTOINCREMENT属性[*3]が付いているので、レコードを追加すると重複しない値が自動的に振られます。主キーとするフィールドにはこのようにAUTOINCREMENT属性を付けることが多いです。

2番目のフィールドfullname以降は、TEXT型のフィールドが続きます。birthは誕生日が入るのに、やはりTEXT型です。SQLiteには他のデータベースにあるような日付型がないからです。

続く13行目では変数lst_addに、追加したいレコード(の値)をタプルのリストにして代入します。このプログラムでは3通りのタプルがリストになっていますね(13〜18行目)。AUTOINCREMENT属性のidフィールドには何も値を指定しません。fullname以降のTEXT型のフィールドには"堀川 康夫"のようにクォートで括って値を指定します。

そして、for add_one in lst_add:のループでINSERT文をexecute()して一件ずつレコードを追加しています(19〜22行目)。

20行目に記述したINSERT文は

＊2　フィールド名は、図8-7でテストデータを作成するときに任意に設定します。フィールド名はわかりやすく、かつ重複しないように付けましょう。ここでは、id、fullname(氏名)、furi(フリガナ)、birth(生年月日)、sex(性別)、zip(郵便番号)、pref(都道府県名)、tel(電話番号)、email(メールアドレス)の各フィールドを設定したテストデータを前提にしています。

＊3　フィールド名とデータ型は必須ですが、属性は省略可能です。

```
INSERT INTO テーブル名(フィールド名1,フィールド名2,・・・)
VALUES(値1,値2,・・・)
```

という書式で、追加先のテーブル、フィールド、そしてそれぞれのフィールドに追加する値を記述します。executeメソッドでは値を指定するときに

```
VALUES(?,?,?,?,?,?,?,?)
```

のように?(プレースフォルダー)を指定して、そこにタプルadd_oneの要素を取り出した順に当てはめることができます。

データベースの場合、一般にレコードの追加などの操作はすぐにはデータベースに反映されません。こうしたレコードの操作とデータベースへの反映が別立てになっているためです。レコード操作が頻繁なのは問題になりませんが、データベースの更新処理はシステムに与える負荷が大きいため、プログラムの中ではできるだけまとめて実行することになっています。

レコード操作をするのがINSERT文などであるのに対して、データベースの更新処理に使うのはcommitメソッドです。そこで、3件のINSERT文を実行したところで、commitメソッドを発行し、追加したレコードをデータベースに反映させます(23行目)。

最後に、SELECT文をexecute()して、データベースからレコードを取得し、そのレコードをprint関数で表示します。このプログラムを実行した結果を見てみましょう。

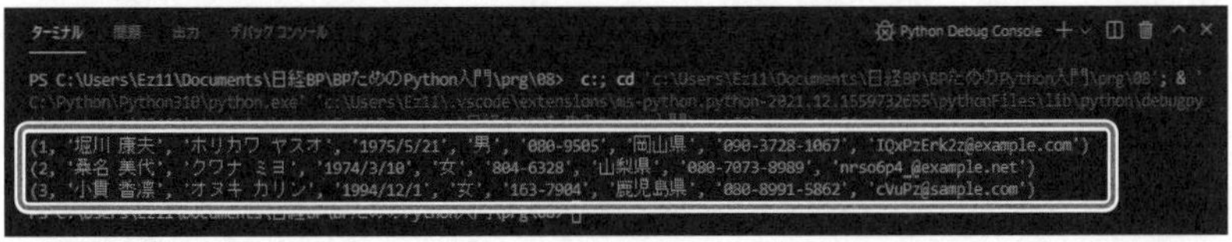

図8-10　**追加したレコードを取得して表示した**

1レコードは一つのタプルとして取得できます。また、idには1、2、3と重複しない値が振られていることがわかります。

SQLite3への書き込み時間を計測

テーブル作成、レコードの追加の基本的な記述がわかったところで、Excelシートの顧客情報をSQLite3に書き込むプログラムを見ていきましょう。

コード8-7　SQLite3への書き込み時間を計測するプログラム

max_data_05.py

```
import sqlite3
from openpyxl import load_workbook
import time
import datetime


start_time = time.perf_counter()

wb1 = load_workbook(r"顧客情報_10000.xlsx")
ws1 = wb1.active

conn = sqlite3.connect("customers.db")
cursor = conn.cursor()

cursor.execute("DROP TABLE IF EXISTS customers")
cursor.execute("CREATE TABLE customers (id INTEGER PRIMARY KEY AUTOINCREMENT, \
               fullname TEXT, furi TEXT, birth TEXT, sex TEXT, \
               zip TEXT, pref TEXT, tel TEXT, email TEXT)")

```

```
20  row_no = 1
21  for row in ws1.iter_rows(min_row=2):
22      tpl_add =(row[0].value, row[1].value,row[2].
                                      value.date(), \
23          row[3].value, row[4].value, row[5].value,
                         row[6].value, row[7].value)
24      cursor.execute("INSERT INTO customers(fullname,
                              furi, birth, sex , \
25                  zip, pref, tel, email) \
26                  VALUES(?,?,?,?,?,?,?,?)", tpl_add)
27      row_no += 1
28
29  conn.commit()
30
31  end_time = time.perf_counter()
32  elapsed_time = end_time - start_time
33  print(f"経過時間:{elapsed_time}")
34
35  conn.close()
```

ライブラリのインポートおよびワークシートオブジェクトの作成、それに続けてcustomers.dbに接続して、DROP TABLE文でcustomersテーブルを削除し、CREATE TABLE文でcustomersテーブルを作るところまで（冒頭から18行目まで）は、max_data_04.pyと同じです。

customersテーブルにINSERT文を使って、レコードを追加するには、各行のセルの値をタプルにして渡せばよいので

```
tpl_add =(row[0].value, row[1].value,……)
```

のようにしてタプルを作っています。row[0].valueは各行のA列の値、row[1].valueはB列の値です。

このプログラムを実行すると、Excelのシートから1万行のレコードをSQLite

データベースに書き込む処理は2秒以内で実行できることがわかりました。

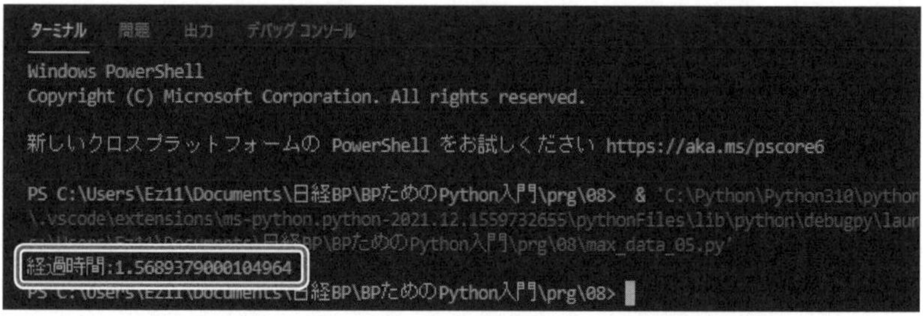

図8-11　Excelの1万行を2秒とかからずにSQLiteデータベースに書き込めた

SQLite3での抽出処理

他の処理でも違いを見てみたいですね。そこで次に、この1万件の顧客情報で、抽出処理の時間を比較してみましょう。たとえば、広島県のデータだけ抽出してみましょう。

元データのシート「顧客情報_10000」で「pref」と見出しが付いている列（F列）には都道府県名が入っているので、この列で抽出します。

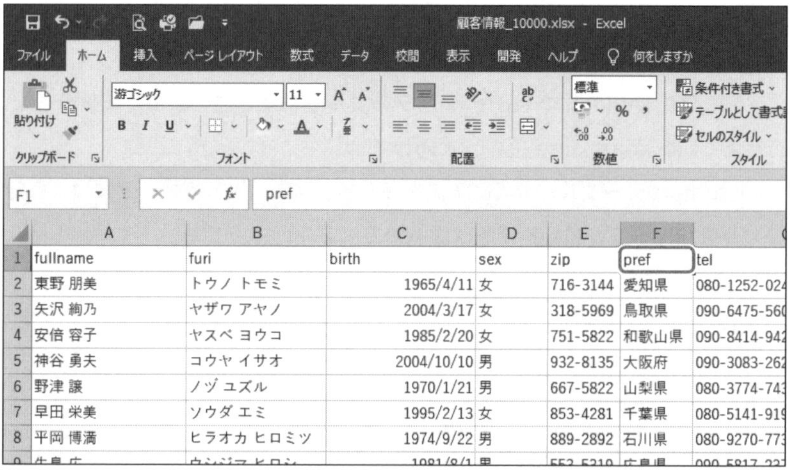

図8-12　読み込み元のシートではF列が項目名「pref」の都道府県データ

このExcelブックから抽出する（query_01.py）のと、SQLite3から抽出する（query_02.py）のとで処理時間を比較します。

まずは、Excelから抽出して、その結果を別のExcelシートに書き出すという処理をするプログラムで処理時間を計ってみようと思います。

コード8-8　Excelから広島県のデータを抽出するプログラム

query_01.py

```
import openpyxl
import time


start_time = time.perf_counter()

wb = openpyxl.load_workbook(r"顧客情報_10000.xlsx")
ws1 = wb.active

wb2 = openpyxl.Workbook()
ws2 = wb2.active

search_pref = "広島県"

row_no = 1
for row in ws1.iter_rows():
    if row_no == 1 or row[5].value == search_pref:
        col_no = 1
        for cell in row:
            ws2.cell(row_no, col_no).value = cell.value
            col_no += 1

        row_no += 1
```

```
24
25 wb2.save(r"顧客情報_抽出.xlsx")
26
27 end_time = time.perf_counter()
28 elapsed_time = end_time - start_time
29 print(f"経過時間:{elapsed_time}")
```

このプログラムでは顧客情報_10000.xlsxのシート（このブックのシートは1枚しかありません）から、項目prefの列が"広島県"である行を新規ブックのシートに抽出する処理です。抽出結果は新規のシートオブジェクトに書き出し、このシートオブジェクトを持つワークブックオブジェクトを、新規に「顧客情報_抽出.xlsx」という名前で保存します。

抽出処理は17行目のif文です。

```
17         if row_no == 1 or row[5].value == search_pref:
```

このif文で、抽出する行、つまり新規のブックに書き出す行かどうかを判断します。

```
row_no == 1
```

のときは見出し行ですので、新規ブックに書き出します。また、項目がprefの列つまりF列の値であるrow[5].valueがsearch_prefの値と同じ（ここでは広島県）であるときにも新規ブックに書き出します。この二つの条件をor演算子でつなぐことで両立させています。

それ以外の処理は、これまでに見てきたプログラムのどこかで使ったコードばかりですね。

このプログラムを実行してみました。

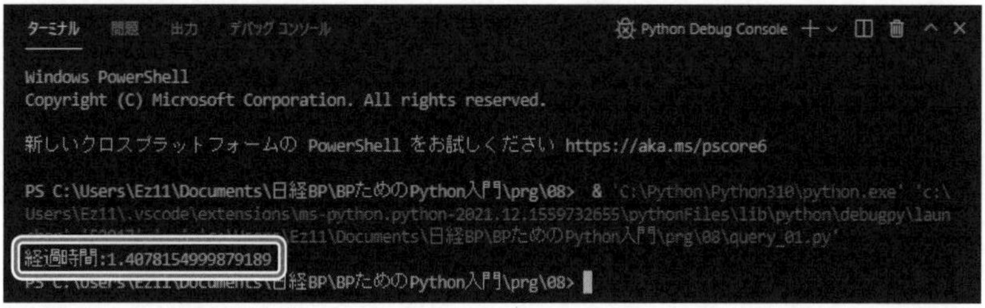

図8-13　**1.4秒で抽出できた**

このExcelブック間の抽出処理は約1.4秒で終わりました。

では、SQLite3からExcelシートに抽出するコードを見ていきましょう。

コード8-9　**SQLite3からデータを抽出する時間を計測するプログラム**

query_02.py

```
from openpyxl import Workbook
import sqlite3
import time


start_time = time.perf_counter()

conn = sqlite3.connect("customers.db")
cursor = conn.cursor()

wb = Workbook()
ws = wb.active

search_pref = ("広島県",)
rows = cursor.execute("SELECT * FROM customers where
                           pref = ?", search_pref)

row_no = 1
```

```
18 for row in rows:
19     col_no = 1
20     for col in row:
21         ws.cell(row_no, col_no).value = col
22         col_no += 1
23
24     row_no += 1
25
26 conn.close()
27
28 wb.save(r"顧客情報_抽出_from_SQLite.xlsx")
29
30 end_time = time.perf_counter()
31 elapsed_time = end_time - start_time
32 print(f"経過時間:{elapsed_time}")
```

最初から順々に見ていくと、だいたいこれまでに本章のどこかで出てきたコードばかりです。でも、14行目の記述には説明が必要ですね。このプログラムでは、customers.dbデータベースのcustomersテーブルからpref（都道府県名）が広島県であるレコードをWHERE句で抽出する処理をしています。でも、コード8-6でも説明した通り、WHERE句を実行する際に引き渡す抽出条件の値は、プレースフォルダー(?)に対してタプルでなくてはなりません。このため、14行目では

```
14 search_pref = ("広島県",)
```

と、1件だけですがタプル形式で記述しています。

このプログラムを実行すると、さすがにSQLite3データベースだとあっという間にExcelブックに抽出するところまでできました。

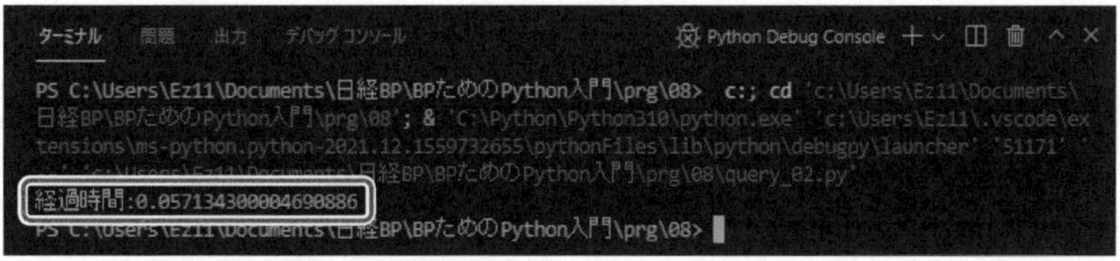

図8-14　0.05秒と極めて短い時間で抽出できた

でも、Excelブック間の抽出でも約1.4秒と重い処理ではないでしょう。Pythonを使わずにExcelのみで1万件からフィルター処理するとなると、さすがにちょっと待たされそうですが、この程度のデータ量なら元データがExcelであっても問題なさそうな処理時間だと思います。

15万件のデータで速度を比較

ではもっとデータ量が多かったら、ExcelとSQLite3では大きな違いが出るのではないかと予想できますよね。そこで、住所.jpからダウンロードした15万件の住所データからの抽出処理ではどうなる検証していきましょう。まずは、Excelブック間の抽出処理です。

ここではコード8-7との大きな違いは、元データおよび書き出すブックのファイル名を変えてあるのと、富山県のデータを抽出するようにしたことの2点です。

プログラムの内容を確認しておきましょう。

コード8-10　15万件の住所データベースから富山県のデータを抽出する時間を計測するプログラム

query_03.py

```
import openpyxl
import time


```

```
start_time = time.perf_counter()

wb = openpyxl.load_workbook(r"zenkoku.xlsx")
ws1 = wb.active

wb2 = openpyxl.Workbook()
ws2 = wb2.active

search_pref = "富山県"
row_no = 1
for row in ws1.iter_rows():
    if row_no == 1 or row[7].value == search_pref:
        col_no = 1

        for cell in row:
            ws2.cell(row_no, col_no).value = cell.value
            col_no += 1

        row_no += 1

wb2.save(r"zenkoku_抽出.xlsx")

end_time = time.perf_counter()
elapsed_time = end_time - start_time
print(f"経過時間:{elapsed_time}")
```

コード8-8の抽出処理とは、元データのzenkoku.xlsxでは、H列が「都道府県」という項目名になっているため、

```
row[7].value
```

とH列の値で抽出する行かどうかを判断している点が最大の違いです。このプログラムを実行してみましょう。

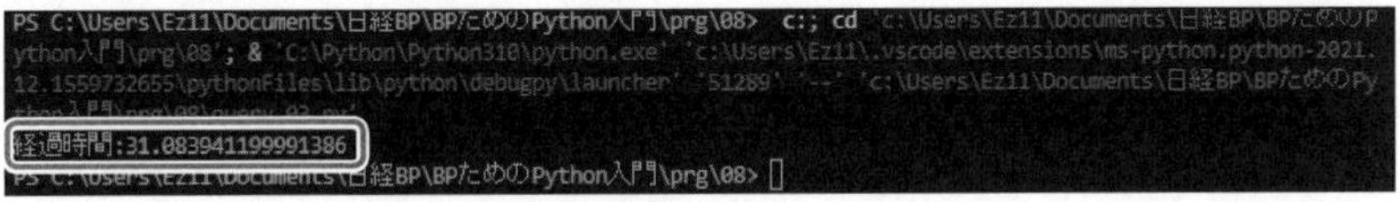

図8-14　**15万件からの抽出は30秒以上掛かった**

今回は富山県のデータを抽出してみましたが、30秒以上掛かってしまいました。15万件で30秒掛かるということは、5万件だと10秒で処理できるのかと予想し、zenkoku.xlsxから、5万件だけコピーしたExcelブックでも計測してみたところ、約10秒掛かりました。やはりベースとなるデータの量で処理時間が決まってくるようです。

次に同じ条件で、SQLite3データベースから、Excelブックに抽出してみましょう。

コード8-11　**15万件のSQLite3からデータを抽出する時間を計測するプログラム**

query_04.py

```
from openpyxl import Workbook
import sqlite3
import time


start_time = time.perf_counter()

conn = sqlite3.connect("zenkoku.sqlite3")
cursor = conn.cursor()

wb = Workbook()
ws = wb.active

```

```
14  search_pref = ("富山県",)
15  rows = cursor.execute("SELECT * FROM ad_address
                         where ken_name = ?", search_pref)
16  row_no = 1
17  for row in rows:
18      col_no = 1
19      for col in row:
20          ws.cell(row_no, col_no).value = col
21          col_no += 1
22
23      row_no += 1
24
25  conn.close()
26
27  wb.save(r"zenkoku_抽出_from_SQLite.xlsx")
28
29  end_time = time.perf_counter()
30  elapsed_time = end_time - start_time
31  print(f"経過時間:{elapsed_time}")
```

このプログラムについては、もう事細かに説明する必要はないですね。ほとんどの説明がここまでに出てきています。14行目で抽出するためのキーワードとして「富山県」を指定し、ad_addressテーブルのken_nameカラム（列）で「富山県」にマッチするかを調べています（15行目）。

このプログラムは約1.8秒で終了しました。もちろん、このケースでは、Excelのシートに書き込む処理が最も時間の掛かる部分ですから、抽出条件に一致するレコード件数により処理時間は変わります。

図8-15　2秒と掛からず処理が完了した

このようの計測してみると、1万件程度なら、Excel×Pythonで十分速く処理できるといっていいでしょう。でも、5万件、10万件とデータが増えてきたら、1枚のExcelシートにすべて記録するのではなく、SQLite3データベースをうまく活用することを考えてみるべきかと思います。

たとえば、データそのものはすべてSQLite3データベースに格納しておいて、必要に応じて抽出し、その結果をExcelに書き出す。こうすれば、Excelで扱うのは抽出後の軽いデータにできます。その上で見やすいように編集したり、書式を設定したりするといった使い方をオススメします。SQLite3とExcelのいいところを組み合わせるという考え方ですね。データが大きくなってExcelの動作が重く感じるようになったら、ぜひPythonでExcelとSQLite3間のデータのやりとりをプログラムしましょう。

今日のふりかえり

- プログラムを使う人の立場で、プログラムの処理時間を評価する
- PythonではSQLite3データベースが簡単に使える
- データベースはSQL文で操作する
- テーブルの操作は、CREATE TABLE文やDROP TABLE文でする
- レコードの操作はSELECT文やINSERT文でする
- データ量が増えてきたら、Excelだけでがんばるのではなく SQLite3との併用を考える

麻美　「さくらちゃん、今日で研修も最後ね。データベースは難しかったでしょ」

さくら　「そうですね。あっという間でしたが、最後に、SQLも覚えられたのでよかったです。8日でここまで来ちゃうなんて、自分でもビックリです」

センガク　「さくらクン、でもね、SQLはデータベースによって微妙に違うんだ」

さくら　「えっ、そうなんですか」

センガク　「データベースの分野では今日勉強したSQLiteのほかに、MySQLやPostgreSQL、Oracleデータベースやマイクロソフトの SQL Serverが有名どころだけど、みんなそれぞれ少しずつ違いがあるんだ」

さくら　「えっ、それじゃ今日勉強したSQLiteのSQLは他のデータベースでは通用

しないってことですか？」

センガク「そんなことはないよ。違うといっても、日本語にも方言があるようにSQLにも方言があるってくらいの違いと考えればいいよ」

麻美「東北とか九州の方言って、わがんねでゴワス」

センガク「最近は、SQLを使わなくてもいいORM、Object Relation Mapperもよく使われているよ」

さくら「なんですか！それ」

センガク「SQLiteをはじめとしたリレーショナルデータベースの操作をPythonなどのオブジェクト指向プログラミングと同じような記述で操作できるようにするライブラリだね。たとえば、SQLのInsert文を使わなくても、オブジェクトを保存することでレコードを登録できるといったように、プログラミングの勘所が生かせるんだ」

さくら「じゃあ、SQLなんて覚えなくてもよかったんじゃ……」

センガク「いやいや、そうでもないんだよ。ORMにもいくつかの種類があって、ライブラリごとにいろいろ違いがあったり、ORMそのものを理解するのに時間が掛かったりすることもあるからね。SQLを覚えておけば、そっちのほうが手っ取り早いことも多いんだ」

麻美「もう、やっぱり、何年たってもセンガクの話ははっきりしないわね！」

センガク「いや、ボクがはっきりしないんじゃなくて、これだけ覚えておけば大丈夫という魔法の杖みたいなものはプログラミングの世界にはないんだよ」

麻美「じゃあ、ずっと勉強していくしかないのね。たいへんだわー」

センガク「そうだけど、料理作る人だって、勉強して新しいメニューに挑戦するでしょ。それとおんなじだよ」

麻美「あたし、料理苦手だもん」

センガク「それは知ってるけど、いやいや、そうじゃなくて、経験値が上がれば理解にかかる時間は短くなるんだから」

麻美「だって、料理うまくならないんだもん」

センガク「それは……」

さくら「わたし、がんばりまーす！」

INDEX

おわりに

プログラミング言語の学習と自然言語の学習を比較してみます。たとえば、フランス語やスペイン語を勉強したいと思ったら、「フランス語入門」のテキストを本屋さんで買って、もしくはダウンロードして、ラジオで講座を聴きますね。現在では、ラジオではなくスマホのアプリでサーバーから公開されている動画や音声を視聴する方が多いかもしれませんね。そして、耳で発音を聞いて、目で読んで文法を勉強して、「一緒に発音してみましょう」と促されて、フランス語ネイティブの人の発音を口でまねして、日本語ではしないような口の形を一所懸命作って発音してみるのです。実はフランス語に再入門している筆者が今まさに、この状態です。

手応えは少し聞き取れるようになり、自分ではフランス語ネイティブの人と同じような音が出ている気がするといった程度です。筆者のように田舎に住んでいると、英語ならまだしもフランス語やスペイン語を話す人に会う機会はまれです。東京に住んでいたとしても、フランコフォニー（フランス語を話す人）の集まるところに積極的に出かけて、やたらめったらフランス語で話し掛けるのは気が引けますし、日本人の常として下手なフランス語に付き合わせて時間を奪っては申し訳ないような気がしますね。

それに比べれば、プログラミング言語の学習はやりやすいはずなのです。「Python入門」といった本を買って、あるいはダウンロードして、そこに書かれている通りの開発環境を作って、コードを入力します。間違っていれば、エラーが表示されます。エラーが表示されなくても、自分の意図した結果にならなければ、どこか間違っているのです。そして相手はコンピュータなので何度やり直しても構わない。初歩的なミスを繰り返しても嘲笑ったりせず、電源を入れている限り暖かく相手をしてくれます。

なのに挫折する人が多いのです。なぜでしょうか？ コンピュータが「あなたがしたいのは、そうではなくて、こうなんでしょ」と正解に誘導してくれないからでしょうか？ それとも、いつでも勉強できると思い切羽詰まっていないからなんでしょうか？ 本に書いてあるサンプルプログラムでは不足なのでしょうか？それともベースになる知識を学んでからでないと理解できないことが多いのでしょうか？

自然言語はまわりにその言語を話す人がいれば、たいてい理解できるようになりますね。どんな環境があれば、プログラミング言語を理解しやすいのでしょうか？ 一から手取り足取り解説してくれる家庭教師的な人が横にいて、ずっと教えていてくれる――。筆者はそんな学び方がいいとは思いません。自分の頭でじっくり考える余地がないので、習ったことしかできなくなるような気がします。プログラミング学習の原動力は好奇心です。「こうしたらどうなるか。なるほど、そう来たか。では、こうしたらどうなる？」というあふれ出す興味です。

勇気づけてくれるメンターがいて、たまに難しい話をして好奇心をくすぐってくれる詳しい人がいればいいのではないか。この本はそんな考えに基づいてまとめた1冊です。プログラミングの学習で、つまずかない人はいないはずです。今はバリバリとプログラミングしている人も、そこに至るまでにはどうしたらいいか行き詰まって「こんな勉強もういやだ」とか「他のプログラミング言語に変えよう」とか思ったことがあるはずです。そんなときに同じ経験をした人が励ましてくれたら続くかもしれないと思い、麻美さんにメンター役を引き受けてもらうことにしました。

また、センガクのコラムは入門書の枠を超えているかもしれません。入門書だから、そこまで書かなくても最初はもっとほんわりしたイメージで理解するだけでもいいという考え方もあるのですが、本当のところ「これを理解すれば一生モノという知識」も早い段階で身に付けてほしいと思っています。でもそうした知識は、もしかしたら入門段階の人には難しいかもしれない。そういうことをセンガクに語ってもらいました。本書で本当に初めてプログラミングを勉強するときには、センガクの言うことがわからなくてもかまいません。少しでもプログラミングに自信を感じられるようになったら、ぜひそこだけ読み返してみてください。そのときはきっと、大いに役立つはずです。

著者プロフィール

金宏 和實　かねひろ かずみ

1961年生、富山県高岡市出身で現在も在住。関西学院大学文学部仏文科卒。第1種情報処理技術者。株式会社イーザー代表取締役副社長。アプリケーション開発とライター活動をしている。プログラミングを始めて38年経った現在は、プログラミングの楽しさを伝えることをテーマとしている。定期的に小学校で非常勤講師として、micro:bitのプログラミングも教えたりしている。
平成30年、31年前期富山大学芸術文化学部非常勤講師（プログラミング・リテラシー）。
主な著書は『Excel×Python最速仕事術』、『Excel×Pythonデータ処理自由自在』、『Excel×Python逆引きコードレシピ126』（日経BP社）など。

ブログは　http://kanehiro.exe.jp/
Twitterは　@kanehiro
Facebookは　KanehiroKazumi
noteは　note.com/kanehiro_kazumi/

● 本書で紹介しているプログラムおよび操作は、2022年2月末現在の環境に基づいています。

● 本書発行後にOSやExcel、Python、関連するライブラリやサービス、Webブラウザーなどがアップデートされることにより、動作や表示が変更になる場合があります。あらかじめご了承ください。

● 本書に基づき操作した結果、直接的、間接的な被害が生じた場合でも、日経BP並びに著者はいかなる責任も負いません。ご自身の責任と判断でご利用ください。

● 本書についての最新情報、訂正、重要なお知らせについては、下記Webページを開き、書名もしくはISBNで検索してください。
https://project.nikkeibp.co.jp/bnt/

ビジネススキルとしてのプログラミングが8日で身につく本

2022年3月28日　第1版第1刷発行

著　者　金宏 和實
発行者　村上 広樹
編　集　仙石 誠
発　行　日経BP
発　売　日経BPマーケティング
〒105-8308 東京都港区虎ノ門4-3-12

装　丁　小口 翔平＋奈良岡 菜摘（tobufune）
デザイン　LaNTA
印刷・製本　図書印刷

ISBN978-4-296-07032-9
Printed in Japan